Petit traité
de l'abandon

Alexandre Jollien

Petit traité
de l'abandon

Pensées pour accueillir la vie
telle qu'elle se propose

Éditions du Seuil

La première édition de cet ouvrage a paru en 2012,
aux éditions du Seuil, accompagnée d'un CD.

ISBN 978-2-7578-4879-1
(ISBN 978-2-02-107941-8, 1re publication)

Pour Joachim Chappuis

Avertissement

Le texte qui suit procède d'une transcription d'enregistrement. Il a été légèrement corrigé pour le rendre plus fluide à la lecture, mais une certaine oralité y a été conservée.

Les citations ont souvent été faites de mémoire. On trouvera dans les notes de bas de page leurs références exactes et, au besoin, la citation originale.

Introduction

Bonjour et bienvenue à tous. Je suis vraiment ravi de pouvoir m'adresser à vous directement. Pour moi, l'écriture devient de plus en plus difficile. Certains jours, le clavier s'apparente à un instrument de torture. L'oralité, elle, permet d'épouser le cours de la vie, de s'abandonner à l'existence. Oui, le mot « abandon », vous risquez de le lire souvent. Paradoxalement, c'est le grand projet de ma vie. Apprendre à ne plus refuser le réel, à accueillir ce qui est, sans résister, sans lutter sans cesse, cette fâcheuse tendance qui me mène à l'épuisement. Tel est le thème de ces pensées que je vous invite à lire.

Tout a commencé à l'institut pour personnes handicapées où j'ai été placé dès l'âge de trois ans. Je suis né avec une infirmité motrice cérébrale. Je le dis tout de suite, afin d'évacuer cette question d'emblée et de passer à autre chose. Une des grandes blessures de ma vie, c'est d'être réduit, fixé à cette image qui me colle à la peau. Car,

dès que l'on me voit, vient le mot « handicapé ».
Ce parcours, cette contingence, cette infirmité
m'ont donc fait vivre dix-sept ans dans une ins-
titution pour personnes handicapées. Malgré la
douleur abyssale d'être éloigné de mes parents,
le constat et l'émerveillement me gagnaient : je
voyais chez des êtres entièrement paralysés une
joie pleine et entière. J'ai tout de suite désiré
cette joie. C'était désormais le but de ma vie :
conquérir la joie inconditionnelle. Une phrase
de Spinoza illustre la quête de mon existence :
« Bien faire et se tenir en joie[1]. »

Aujourd'hui, quand je regarde ma bibliothèque
pleine à craquer, je m'aperçois que la spiritualité,
à mes yeux, procède plus du dépouillement que
de l'accumulation. Ce qui m'a plu chez les Grecs,
c'est la notion de *progredientes*. Les philosophes
se percevaient comme des « progressants », des
individus qui faisaient un pas après l'autre vers
la sagesse. Or, selon moi, cette sagesse est déjà
là, au fond du fond. Elle me précède au cœur
de mon cœur. Les bouddhistes disent que nous
sommes tous la nature de Bouddha, et cette
idée me plaît. Il ne s'agit pas de construire un
personnage, ni de chercher la joie, la sérénité
ailleurs, mais de plonger en soi, de rejoindre le
fond du fond pour y recueillir la joie, la paix et

---

1. Spinoza, *Éthique*, livre IV, 50, scolie, Paris-Tel-Aviv,
Éditions de l'éclat, 2005.

le souverain bien. Nous sommes tous la nature de Bouddha. Même la fille qui se moque de moi dans le bus, même le plus blessé des hommes est la nature de Bouddha. Cette intuition chère aux bouddhistes me convertit jour après jour.

Dans ce livre, je me propose de mener une enquête joyeuse et libre pour essayer de trouver quelques pistes qui m'aident à atteindre le fond du fond et à m'abandonner totalement à l'existence. L'étape majeure de ma vie aujourd'hui, c'est apprendre l'abandon. L'abandon, on le verra, n'est pas du tout la résignation. C'est même le contraire. Plus on s'abandonne à l'instant présent, plus on est dans l'action et l'on répond adéquatement aux circonstances de l'existence. Ce petit livre, je le vois donc comme un traité de l'abandon, un parcours marqué par des étapes aussi simples que possible qui nous mènent à la joie, laquelle nous précède déjà. Je m'aperçois que je ne dois plus lutter contre l'existence, ni vouloir devenir quelqu'un. Juste être là, sans amertume ni aigreur, et être puissamment actif.

Dans la spiritualité, je crois qu'il n'y a pas de voie toute tracée, encore moins de mode d'emploi. Il y a juste une ascèse quotidienne, c'est-à-dire des exercices que l'on pratique pour se libérer de soi, des images que l'on a de soi, des jugements dans lesquels on enferme la réalité. Au seuil de ces pensées, j'aimerais rappeler une formule de Nietzsche tirée du *Gai Savoir* : « N'aie cure que d'être fidèle qu'à toi-même et tu m'auras suivi[1]. »

1. La traduction moderne est : « Ne suis fidèlement que toi-même : – Et alors tu me suivras – doucement ! doucement ! » Nietzsche, *Le Gai Savoir*, Paris, Flammarion, 1997, prologue 7, p. 36.

L'Abandon

Quand, à l'institut, on me conseillait de « m'abandonner », j'y voyais une forme de maltraitance. Beaucoup d'éducateurs me disaient : « Il faut accepter la vie ! », « Il faut lâcher prise ! » De nos jours, il existe beaucoup de livres sur le lâcher-prise, sur l'acceptation. Cela me paraît presque trop exigeant. À l'institut, en tout cas, je considérais maltraitant de nous mettre de nouvelles exigences sur les épaules quand la vie nous en imposait déjà bien assez.

Aujourd'hui, je me propose de tout lâcher, vraiment tout, comme dans les toilettes lorsqu'il faut tirer deux fois la chasse par moments. Il faut même lâcher le lâcher-prise.

« Pharmacopée » vient du mot grec *pharmakon* qui désigne le remède. Ces pensées sont de petites pharmacopées. Et pour tisser la métaphore médicale, on peut s'approcher de l'abandon à doses homéopathiques, à tout petits pas. Il ne s'agit pas de vouloir être quelqu'un d'autre. Un koan zen dit : « Que peut faire un renard pour ne pas être un renard[1] ? » Souvent, je pense à cette question. « Qu'est-ce que je peux faire pour être quelqu'un d'autre que celui que je suis actuellement ? » Rien. Alexandre ne peut pas faire quelque chose pour ne pas être Alexandre. Du matin au soir, j'essaie de devenir quelqu'un d'autre en prenant le risque de me nier moi-même. Un livre m'a beaucoup aidé à me rapprocher de l'abandon. Car l'abandon, ce n'est pas un gros « machin » inatteignable. Quand je regarde mes trois enfants, ils sont l'abandon, ils sont déjà totalement ancrés dans la vie. Quand ils sont joyeux, ils sont joyeux ; quand ils sont tristes, ils sont tristes ; quand ils jouent, ils jouent. Un maître zen, Yunmen, disait : « Quand tu es assis, sois assis ; quand tu es debout, sois debout ; quand tu marches, marche. Et surtout n'hésite pas[2]. »

Je pense que la souffrance, la tristesse ont leur place en nous. Elles durent peut-être précisément parce que l'on n'ose pas les vivre à fond. Ce qui me frappe en observant les enfants, c'est que lorsqu'ils pleurent, ils pleurent à fond, et leur

1. Inspiré du deuxième koan du *Passe sans porte*, Paris, Éditions traditionnelles, 1963.
2. Citation abondamment mentionnée sous cette forme simplifiée. Pour plus de détails, voir dans l'édition de Taishô du canon sino-japonais, *Recueil complet du maître de méditation Yunmen Kuangzhen*, T. vol. 47, 1988, p. 555c.

tristesse s'en va. Peut-être qu'il y a des blessures d'enfance qui n'ont pas pu être vécues à fond, et qui pour cette raison demeurent.

Mais revenons au livre qui m'a rapproché de l'abandon. Il s'agit d'un livre attribué au Bouddha, intitulé *Soûtra du Diamant* ; en sanskrit, c'est le *Vajracchedikâ-prajñâpâramitâ Sûtra*. Je ne saurais même pas répéter ce titre deux fois ! Une formule revient souvent dans ce texte. Je vais la lire dans sa première occurrence, au chapitre VIII. Le Bouddha dit : « De ces réalités du Bouddha qu'on appelle réalités du Bouddha, le *thatagata* a dit qu'elles ne sont pas des réalités du Bouddha et c'est bien pourquoi on les appelle réalités du Bouddha[1]. » Cette phrase peut prêter à rire ou paraître bizarre. Moi, elle m'a vraiment aidé. C'est même elle qui m'aide le plus à accepter, ou plutôt à accueillir mon handicap – parce qu'il n'y a rien à accepter. Accepter, cela implique un moi qui accepte. Or le moi n'a rien à faire dans l'histoire. J'ai compris un jour que le moi est programmé pour refuser. Il s'agit donc davantage de « laisser être » que d'accepter. Accepter, c'est encore du travail pour le moi. « Il *faut* accepter » :

1. *Soûtra du Diamant*, Paris, Fayard, 2001, chap. VIII, p. 30-31. Littéralement le *thatagata* est « celui qui s'en est allé », c'est-à-dire qui a quitté le monde de la manifestation pour atteindre la libération totale. Terme par lequel se désignait le Bouddha.

cet impératif lui demande du travail. La phrase du *Soûtra du Diamant* que je citais revient sans cesse dans les paroles du Bouddha, et pourrait être résumée ainsi : « Le Bouddha n'est pas le Bouddha, c'est pourquoi je l'appelle le Bouddha. » C'est un exercice de non-fixation.

Je n'ai pas perçu la radicalité de cette phrase avant de l'avoir appliquée à ce qui m'est le plus cher dans la vie : « Ma femme n'est pas ma femme, c'est pourquoi je l'appelle ma femme. » Ma femme n'est effectivement pas ce que je crois qu'elle est. Si je dis : « Ma femme, c'est ça », je la fige, je l'enferme dans des étiquettes, et je la tue, pour ainsi dire. « Ma femme n'est pas ma femme, c'est pourquoi je l'appelle ma femme » : c'est seulement à partir du moment où je sais que les étiquettes enferment les choses et les gens – et que cela les tue –, que je peux en faire usage. C'est seulement quand je sais que les mots ne sont que des éti-quettes que je peux appeler un chat un chat. Très concrètement, quand je suis dans un bus et que l'on se fiche de moi, je me dis : « Le handicap n'est pas le handicap, c'est pourquoi je l'appelle le handicap. » Le handicap n'est pas la saloperie que je crois qu'il est certains jours. Le handicap n'est pas la bénédiction que je crois avoir reçue quand tout va bien. La formule du *Soûtra du Diamant* appelle donc à ne pas figer les choses, à ne pas les fixer, sans pour autant les nier. C'est cela, la non-fixation.

« La souffrance n'est pas la souffrance, c'est pourquoi je l'appelle la souffrance. » Il s'agit, si l'on suit la formule, de ne pas nier la souffrance, car il n'y a rien de pire que de dire à ceux qui souffrent : « Il ne faut pas souffrir ! » Il s'agit aussi de ne pas en faire des tonnes en se réduisant à la souffrance. La phrase du *Soûtra du Diamant* m'invite à ne pas me fixer dans quoi que ce soit. Je peux être un mari maladroit certains jours, je ne me fixe pas dans cette étiquette. J'avance. Je peux être amer certains jours, je ne me fixe pas dans l'amertume. « Alexandre n'est pas Alexandre, c'est pourquoi je l'appelle Alexandre » : je ne me fixe jamais dans ce que je suis ; j'avance. Dans la Genèse, ce qui caractérise à mon sens la chute, le fameux « péché », ce n'est pas tant quelque chose de moralement répréhensible, mais le fait qu'Adam et Ève, après avoir mangé le fruit défendu, voient qu'ils sont nus. C'est la fameuse phrase : « Ils connurent qu'ils étaient nus » (Gn 3,7). Autrement dit, la maladie de nos deux lascars, c'est le nombrilisme. Adam et Ève ne sont pas nés d'une femme et d'un homme, et donc, ils n'ont pas de nombril. Mais il me plaît de voir dans l'histoire de la Genèse une invitation à ne pas se regarder le nombril, à ne pas se fixer dans quoi que ce soit d'exclusif à nous. Certains jours, je suis vraiment le roi des imbéciles. Mais... le roi des imbéciles n'est pas le roi des imbéciles, c'est pourquoi je l'appelle le roi des imbéciles. Là encore, je ne me fixe pas dans cette image de moi, la vie continue… et l'imbécile poursuit son chemin.

L'Ami dans le bien

Aristote disait que l'ami est le sel de la vie[1]. Lorsque je considère mon existence, je me rends compte en effet que ce qui lui donne du prix, c'est, outre mes enfants et ma famille : l'ami. Quand j'emploie ce mot, me revient une belle expression découverte chez Houei-neng. La légende veut que ce maître fût illettré. Il fut orphelin très jeune et dut travailler. On raconte qu'un jour où il se promenait pour ramasser du bois, il a entendu le fameux Soûtra du Diamant. Et cet appel à la non-fixation a réalisé en lui l'éveil, le « satori » comme disent les Japonais. Dans son livre où ses disciples ont rassemblé ses paroles, Houei-neng m'offre une expression magnifique : l'« ami dans le

1. Aristote ne dit pas textuellement que l'amitié est le sel de la vie. Les livres VIII et IX de l'*Éthique à Nicomaque* (Paris, Flammarion, 2004) démontrent que l'amitié est un des biens les plus importants. Quand elle unit deux hommes vertueux, elle est sans calcul et s'établit d'égal à égal.

bien[1] ». Que fait un « ami dans le bien » et qu'est-ce qui fait un « ami dans le bien » ? Là encore, il s'agit de prendre le Diamant dans sa poche et de se dire : « Un ami dans le bien n'est pas un ami dans le bien, c'est pourquoi je l'appelle un ami dans le bien. » Il ne s'agit pas de fixer l'ami dans le bien, il ne s'agit pas d'aller vers l'autre en disant : « Je veux un ami dans le bien », mais de se laisser donner par la vie l'ami dans le bien qui va m'aider à franchir une nouvelle étape de mon existence. Je me dis souvent, en sortant de la maison, et en y entrant aussi d'ailleurs !, que c'est la vie qui va me donner les bons guides, et je suis rarement déçu. D'ailleurs… « un bon guide n'est pas un bon guide et c'est pourquoi je l'appelle un bon guide » !

Parfois, en effet, quand je crois avoir fait une mauvaise rencontre qui m'aurait soi-disant détruit, je m'aperçois qu'elle m'a grandi au plus profond de moi. Alors, plutôt que d'avoir de nombreux amis dans le bien, je cherche à être un ami dans le bien pour mes proches, pour ma femme, pour mes enfants. Goethe prend une belle image, familière : il décrit un caillou qu'on lance dans un étang et qui, de ricochet en ricochet, fait apparaître des ronds de plus en plus grands à la surface de l'eau, lesquels finissent par embrasser tout l'étang. Pour-

---

1. Fa-hai, *Le Soûtra de l'Estrade du Sixième Patriarche Houei-neng*, Paris, Seuil, coll. « Points Sagesses », 1995, p. 64.

quoi, comme l'inspire cette image, ne pas profiter de cette amitié dans le bien que l'on nourrit déjà pour nos proches, pour nos amis, pour l'agrandir à l'humanité tout entière ?

Il ne s'agit bien entendu pas de figer « l'ami dans le bien » dans une définition. Mais ce qui me semble le caractériser, c'est le non-jugement. Les textes zen emploient l'image du miroir vide à ce propos. Force est de constater que la chose la plus difficile, en tout cas à mes yeux, est d'écouter l'autre sans le juger. Alors que je traversais certaines épreuves, que j'avais peu de force et que je semblais désespéré – en l'occurrence, il n'y avait rien à faire –, la vie m'a donné le plus magnifique ami dans le bien que j'aie eu la chance de rencontrer. Il s'agit de ma femme. Ce qui m'a bouleversé, c'est qu'elle était là sans juger, impuissante mais présente. Parfois, quand on écoute l'ami qui est dans le pétrin, qui ne s'en sort pas, qui coule, qui pleure, la tentation immédiate, et c'est un instinct de vie, c'est de passer à l'action, de trouver des solutions. Et quand il n'y a pas de solutions ? Eh bien, l'ami dans le bien, quand j'essaie de me le représenter, c'est de larges bras ouverts qui accueillent l'autre tel qu'il est et nourrit pour lui un amour inconditionnel. Il aime sans conditions : « Je t'aime sans que tu aies besoin de faire quoi que ce soit. »

L'Amour inconditionnel

Qu'est-ce que l'amour inconditionnel ? Je pressens que sur le chemin de l'abandon, le « oui » affirmé par l'amour inconditionnel est capital. Pour moi, l'amour inconditionnel a longtemps été une notion un peu « tarte à la crème », ou l'idéal impossible à atteindre, l'horizon qui nous échappe sans cesse. Bref, c'était quelque chose de totalement désincarné. Puis, un épisode de ma vie m'a rapproché du goût de cet amour inconditionnel. Je crois que nos relations à l'autre procèdent souvent d'une relation d'affaires. Sénèque disait cela, et que l'on nomme la plupart du temps « ami » celui avec qui toute relation cesse dès que l'intérêt a disparu[1].

Cet épisode de ma vie s'est déroulé dans un monastère en Israël. J'allais y faire le bilan de quelques années lourdes en émotions comme en

---

1. Sénèque, *Lettres à Lucilius*, Paris, Flammarion, 1992, Lettre IX.

travail. Le premier jour, frère Benoît, qui devait m'accompagner durant cette retraite, n'était pas là. Je me suis très vite ennuyé, je tournais en rond. Mes fantômes intérieurs occupaient mon temps et mon esprit, et j'affrontais ces tyrans comme sur un champ de bataille. Lorsque, le deuxième jour, j'ai pu parler à frère Benoît, je lui ai confié à quel point je m'ennuyais : « Je m'ennuie, tu ne peux pas t'imaginer à quel point je m'ennuie ! » Il m'a alors répondu : « Continue à t'ennuyer. Ennuie-toi à fond. On se revoit dans trois jours. » Et j'ai continué à m'ennuyer. Tous les soirs, je ne pouvais m'empêcher d'aller voir frère Benoît pour lui dire combien la journée avait été délicate, par quelles montagnes russes intérieures j'étais passé et combien j'avais mal. Un jour, je lui ai dit ce que j'avais fait pour tromper l'ennui. Ce n'était pas très catholique dans un monastère – mais rien de grave, rassurons-nous. Alors frère Benoît m'a dit : « Alexandre, tu peux faire n'importe quoi, tu ne peux pas faire que je ne t'aime pas. » Sincèrement, à ce moment-là, j'ai eu comme une conversion intérieure. Je n'avais encore jamais reçu un amour aussi total. J'ai compris alors que j'avais jusque-là joué un rôle. Je jouais le rôle du philosophe, le rôle de celui qui a assumé les difficultés de l'existence. Mais depuis cette phrase lâchée par frère Benoît, j'essaie à mon tour de nourrir un amour bienveillant à l'endroit des autres.

Cet amour bienveillant, je l'ai déjà par nature

à l'égard de mes enfants. J'aime Augustin, Victorine et Céleste. Il n'est pas nécessaire qu'ils soient quelqu'un pour que papa les aime. Souvent, d'ailleurs, je dis à Augustin : « Augustin, tu pourrais mettre le feu à la maison, je t'aimerais quand même. » Et j'ajoute presque aussitôt : « Mais je te le déconseille vivement ! »

Un jour, j'ai compris que cet amour bienveillant, inconditionnel, je devais le nourrir à l'endroit de ma propre existence et de mon propre corps. Je me trouvais dans une gare, et ce jour-là, allez savoir pourquoi, j'étais plus sensible que d'autres jours au regard d'autrui. J'avais honte de ce corps. Alors j'ai pris mon téléphone et j'ai appelé frère Benoît pour lui dire mon mal-être, mon envie d'être un beau garçon musclé, sportif et sans aucun problème d'aucune sorte. Il m'a demandé : « Est-ce que tu aimerais Augustin, s'il avait un handicap ? » J'ai répondu : « Bien sûr, la question ne se pose même pas ! » Et il a ajouté : « Est-ce que tu en prendrais soin ? » J'ai dit : « Mais le plus grand soin ! Peut-être encore plus que maintenant si c'est possible. » Alors il m'a dit : « Essaie, aujourd'hui, dans cette gare, de prendre soin de ton corps comme s'il s'agissait de ton fils. » En éteignant mon téléphone, j'ai littéralement dansé dans la gare. J'ai soudain compris que mon corps était comme un enfant à protéger, à chérir. Avant, j'avais tendance à tirer sur la corde, à chercher à obtenir de lui tous les plaisirs possibles, mais à ne jamais être dans le repos, le respect de ce qu'il m'apporte au quotidien. Dans cette gare, j'ai compris que le handicap et les blessures qu'il m'avait laissées étaient comme déposés sur un plateau que je porterais. L'image de mon corps était sur un plateau, et moi, je ne faisais que le porter. Finalement, quand quelqu'un rit de ce qu'il y a sur le plateau, ce n'est pas mon problème. Mon problème, ma tâche, mon œuvre, c'est de porter le plateau avec bienveillance. Que l'on éclate de rire à la vue de ce qu'il y a dessus, ce n'est pas cela l'essentiel. Donc, dans le même temps, j'ai compris que je pouvais nourrir un regard inconditionnel sur mon corps et sur mon être, et que ce que je « présente en vitrine », ce qui est visible, ce qui saute aux yeux n'est pas forcément tout moi. Et dire à Augustin : « Tu pourrais mettre le feu à la maison, je t'aimerais toujours », ce n'est pas l'inviter à faire tout ce qu'il veut, au contraire. Je crois que, paradoxalement, l'amour inconditionnel s'accompagne d'une exigence. J'aime tellement Augustin que je ne supporte pas quand il n'est pas Augustin, quand il tombe dans des travers qui l'aliènent. J'aime tellement mon être que je suis invité à tout mettre en œuvre pour qu'il progresse, pour qu'il se délivre de tout ce qui l'empêche d'être joyeux et libre.

L'amour inconditionnel, ce n'est pas la tolérance absolue. C'est la bienveillance totale envers ce qui est ici et maintenant. Peu importe le passé.

Cela me rappelle une anecdote. On reprocha au philosophe Diogène le Cynique d'avoir faussé la monnaie. Il répondit en substance : « C'est tout à fait vrai, et quand j'étais petit, je faisais pipi au lit, mais cela ne m'arrive plus[1]. » Se libérer du passé, c'est aussi, pour moi, le sens du pardon chrétien. Se libérer de tout ce que l'on a fait, « sans effacer l'ardoise » ni se réduire à nos actes. Car on ne se réduit pas à ce que l'on a fait ni à ce que l'on a été. Et l'amour inconditionnel, c'est peut-être cela. Aimer sa femme, ici et maintenant, sans l'enfermer dans ce qu'elle a été.

---

1. Inspiré de Diogène Laërce, *Vies et doctrines des philosophes illustres*, Paris, Librairie générale française, 1999, livre VI.

La Bienveillance

Le mot « bienveillance » vient du latin *bene volens.* Le bénévolat, c'est d'abord vouloir le bien des autres. On ne fait pas du bénévolat pour se « redorer le blason » mais parce que l'on veut le bien de l'autre. Et c'est peut-être là une belle définition de l'amour et de l'amitié : vouloir le bien de l'autre sans lui imposer sa propre version du bien. La phrase du *Soûtra du Diamant* s'applique encore là à merveille : « Le bien n'est pas le bien, c'est pourquoi je l'appelle le bien. » Parce que quand on croit savoir mordicus ce qu'est le bien pour l'autre, souvent on lui impose ses préjugés et l'on s'éloigne de ce qui est vraiment bien pour lui. Surtout, ne pas imposer le bien.

L'autre jour, j'étais dans ma chambre et j'avais envie de manger un yaourt. J'ai appelé mon fils pour qu'il m'aide, et il a placé le yaourt derrière mon bol de méditation, sans cuillère. Je lui ai dit : « Augustin, quand on a un papa handicapé, on ne met pas le yaourt derrière le bol de méditation.

Je n'arrive pas à le prendre. » Alors mon petit garçon, avec ses petites mains, a pris le yaourt et l'a posé devant moi. Et je lui ai encore dit, sèchement : « Mais où as-tu mis la cuillère pour manger le yaourt ? » Il m'a regardé ; il avait oublié la cuillère. Alors j'ai pris le maillet qui me sert à taper sur le gong et je l'ai plongé dans le yaourt. J'ai mangé avec ça et on a éclaté de rire. Et tandis qu'Augustin regardait le yaourt et comprenait que son père était handicapé et qu'il ne pourrait jamais faire les choses comme les autres, je sentais qu'il y avait une certaine tristesse dans cette prise de conscience. Je me suis alors demandé : « Comment bien faire, ici et maintenant ? Qu'est-ce qui œuvrerait véritablement à son bien en ce moment ? » Et j'ai pensé : il faut dédramatiser la chose en y allant carrément, en riant de ce handicap qui bien souvent me pourrit la vie. L'expérience du yaourt, c'était l'expérience de l'acceptation. Je ne peux pas ouvrir un yaourt comme les autres. J'ai besoin de mon fils de six ans pour le faire. Mais c'est fou comme l'expérience de la souffrance est parfois tout proche de celle de la joie et du bonheur. Trop souvent, j'ai tendance à opposer la joie et la souffrance. J'étais incapable d'ouvrir un yaourt, mais ce moment a été celui d'une complicité sans nom avec mon fils. J'ai pris Augustin dans mes bras, et l'expérience de la faiblesse qui aurait pu miner cet instant nous a offert une occasion de complicité totale. J'avais été presque brutal avec mon fils. Pas violent, mais abrupt. Je m'interroge souvent quand j'agis avec les autres, lorsque je suis avec des proches ou des moins proches : « Est-ce que je tends au bien ou est-ce que je veux plaire à l'autre ? » Cette petite pharmacopée voudrait inviter à se demander : « Est-ce que j'agis pour moi ? », « Est-ce que je joue un rôle en agissant comme ceci ou comme cela, en faisant ce que je crois bien ? » ou « Est-ce que j'agis vraiment pour le bien ? »

La phrase du *Soûtra du Diamant* nous invite à ne jamais nous fixer dans le bien. Je peux dans la même heure être un mari minable, déplorable, autant qu'un mari modèle. L'important, c'est de ne me fixer dans aucune attitude, de ne me fixer nulle part et d'aller de l'avant, car un mari minable n'est pas un mari minable, c'est pourquoi je l'appelle un mari minable.

Ce n'est pas compliqué

« Ce n'est pas compliqué. » Un mien ami a coutume de répéter cette phrase qui m'apaise et m'enseigne durablement. Je le vois serein au milieu du plus grand pétrin, dans mille difficultés, toujours calme et paisible. « Ce n'est pas compliqué » : cette expression n'est pas une invitation à la résignation, à baisser les bras. Au contraire, cet ami si serein est toujours dans le réel, à poser des actes pour aller mieux. J'y trouve assurément une nouvelle ascèse. Ne pas compliquer les choses. Ne rien surajouter quand les difficultés apparaissent. Sans les nier, il s'agit de retourner au réel, de voir que l'imaginaire, comme un cheval, s'emballe et empire la situation.

« Ce n'est pas compliqué », c'est finalement revenir à l'immédiat, au réel. Qu'est-ce qui se passe ? Qu'est-ce que j'ai sous les yeux pour passer à l'action et calmer le mental ? Je me rends à la banque, je mets ma carte de crédit dans l'appareil et l'appareil me l'avale. « Ce n'est pas compliqué. »

Au lieu de me perdre en de vaines critiques qui me conduiront inévitablement à remettre en cause le système bancaire tout entier, je pose un acte, je passe à l'action. « Ce n'est pas compliqué » : j'appelle le préposé aux cartes. « Ce n'est pas compliqué » : je me détends, je respire un moment.

Souvent, ce qui passe pour les calamités de mon quotidien, le « ce n'est pas compliqué » vient le nuancer. Je rate mon train. « Ce n'est pas compliqué », j'attends le train suivant. Et pourquoi dire « mon » train ? Nous sommes trois cent cinquante passagers, et ce serait le mien, je le posséderais ? Le « ce n'est pas compliqué » m'aide à revenir à l'instant présent, à trouver la réponse adéquate à ce que dictent les circonstances. Je suis installé à une terrasse en train de boire un verre d'eau, et l'on se moque de moi. « Ce n'est pas compliqué », soit je change de terrasse, soit je profite de l'occasion pour pratiquer le « oui ». Non pas le « oui » qui n'est que le fruit du mental mais le « oui » qui embrasse tout l'être. « Ce n'est pas compliqué. »

De plus en plus, je m'aperçois que ce qui pèse dans ma vie, ce ne sont pas les épreuves lourdes ni le handicap, mais les petits « trucs » du quotidien. Ou, pour le dire dans les mots de Montaigne : « la tourbe des menus maux[1] ».

---

1. Montaigne, *Les Essais*, Paris, Gallimard, coll. « Quarto », 2009, livre III, chap. IX.

Le « ce n'est pas compliqué » m'aide à m'abandonner à la vie en trouvant une solution. Voilà le génie de cette petite phrase que j'aime et qui est ma nouvelle ascèse ! « Ce n'est pas compliqué. » Depuis quelques années, dix ans pour tout dire, je me lève en disant : « J'en ai marre » tant la tâche me paraît ardue et la fatigue tenace. « Ce n'est pas compliqué. » Ici l'ascèse, c'est surtout de ne pas surajouter. « Ce n'est pas compliqué. » J'en ai marre mais depuis peu – « ce n'est pas compliqué » –, je n'en ai plus marre d'en avoir marre.

La Comparaison

Ce qui accroît la souffrance, et crée le manque, c'est la comparaison. Spinoza a cette phrase magnifique que je me répète sans cesse : « Par réalité et par perfection, j'entends la même chose[1]. » Autrement dit, la réalité est parfaite. Certes, le handicap, la privation existent. Mais je pense qu'ils sont aggravés et deviennent encore plus douloureux dès lors que je me compare à mon voisin d'en face ou d'à côté. Le chemin de ma vie, c'est d'accepter, ou plutôt d'accueillir tout mon être, sans rien rejeter de lui. Trouver la beauté, la joie, là où elles se donnent : dans ce corps, dans cet être, dans cette vie et non dans une vie rêvée, idéalisée. C'est dans le quotidien, dans le banal, que la joie réside. Une conversion de ma vie fut de ne plus me demander : « Qu'est-ce qu'il me faut pour être heureux ? » mais : « Comment être dans la joie, ici et maintenant ? »

1. Spinoza, *Éthique* II, définition 6, *op. cit.*

Un contradicteur de Spinoza, Blyenbergh, lui opposa l'exemple, ô combien fameux, de l'aveugle, objectant à peu près ainsi : « Mais l'aveugle n'est pas parfait. Il lui manque quelque chose. La vue, précisément[1]. » Spinoza lui rétorque en substance : « Est-ce qu'il vous manque des ailes ? » Si l'on me demandait cela en effet, je répondrais d'emblée : « Non, bien sûr, il ne me manque pas d'ailes. » Spinoza fait ainsi comprendre à Blyenbergh que si tout le monde avait des ailes sauf lui, cela lui manquerait terriblement. Autrement dit, ce qui ne manque pas en soi devient un manque dès lors que je me compare à l'autre.

Il y a un exercice spirituel qui consiste à se dépouiller au jour le jour, à se dénuder de toutes les comparaisons. « Je ne suis pas un garçon comme les autres », « Je ne suis pas un papa comme les autres » : tout cela ne sert strictement à rien. Et l'exercice – la pharmacopée si je puis dire – sera ici d'évacuer la notion de regret. On fait beaucoup de choses avec des « si ». Mais comme disait feu mon papa : « Si ma grand-mère en avait, ce serait mon grand-père. » Ce n'est certes pas une comparaison très heureuse, mais elle a le mérite de nous montrer que l'on ne refait pas la réalité que l'on a sous les yeux, on ne refait pas le monde. Tant que nous dilapidons notre énergie, qui est faible

---

1. Spinoza, *Traité politique – Lettres*, Lettre à Blyenbergh, XXI, Paris, Flammarion, coll. « GF », 1993, p. 206.

certains jours, à vouloir refaire le monde, nous passons à côté de la joie du moment présent et de ce qui est donné. La non-comparaison est ma pharmacopée. Je l'applique presque comme un réflexe quand je vais mal. Je ne commente pas la réalité. On rigole de moi dans un magasin ? Pas de commentaires. Je laisse venir l'anxiété, la peur, la tristesse, que sais-je encore, sans commenter, sans me dire : « Je ne devrais pas être comme cela », « Si j'étais comme cela, cela ne m'atteindrait pas », etc. Je laisse venir l'émotion, puis se développer et s'évanouir d'elle-même. Parce que la comparaison tue le monde et le réel. J'aime mes enfants sans comparaison. Aimer quelqu'un, c'est l'aimer pour ce qu'il est dans sa singularité. Il n'y a pas à le comparer avec des canons de beauté mais simplement, et c'est peut-être ce que m'apprend la pratique du zen, à laisser la réalité être pleinement ce qu'elle est sans la rapporter à nos idéaux. Comme disait un autre ami dans le bien : « Juger la réalité, c'est vouloir occuper le trône de Dieu et la place est déjà prise. »

Le Dépouillement

Le dépouillement a aussi été pour moi une sorte de « gros machin » inatteignable. J'imaginais que pour l'atteindre, il me fallait devenir moine, presque un stakhanoviste du détachement, et envoyer paître tout ce qui relève du matériel. Jusqu'au jour où j'ai pris conscience que le « gros machin » dont je devais me détacher, c'était moi. Le « moi je », le « moi d'abord » ; le rôle que j'essaie tous les jours de jouer, du matin au soir. Sur mon chemin, j'ai alors croisé un ami. Il m'a dit cette phrase qui m'a bouleversé : « Plus de liens, moins de biens. » Il est vrai que jusqu'alors, j'avais tendance à aller chercher dans les librairies, dans les supermarchés, dans les grandes surfaces, un remède aux manques, aux blessures, aux aliénations. Depuis que j'ai entendu cette phrase – « plus de liens, moins de biens » –, j'y ai perçu comme une invitation à faire de l'ordre, à me libérer chaque jour du trop. Ce qui rejoint cette intuition magnifique dans le bouddhisme

selon laquelle nous sommes tous la nature de
Bouddha. Nous *sommes* : ce n'est pas de l'ordre
de la possession. Ce n'est pas quelque chose que
l'on ajoute à ce que l'on est pour être heureux.
Nous sommes déjà la nature de Bouddha. Tout le
monde est la nature de Bouddha. Le salopard, le
violeur d'enfant, la personne handicapée. Encore
qu'il n'y ait aucun rapport entre la personne
handicapée et les deux autres ! J'y ai décelé une
invitation à changer totalement notre regard sur
autrui.

Précisément, le dépouillement auquel invite
le zen, et par là toute la tradition philosophique
du bouddhisme, c'est la voie du détachement. Se
débarrasser de toutes les représentations mentales
dont on recouvre les choses, les êtres, et nous-
mêmes en fin de compte. Nous avons une image
de nous et, du matin au soir, nous voulons nous
y conformer. Un jour, j'ai décidé qu'Alexandre
Jollien serait comme cela, et gare à moi si je ne
suis pas à la hauteur. On n'imagine pas l'infinie
souffrance qu'engendre une telle fixation. Se
dépouiller, c'est se mettre à nu. Je l'ai écrit dans
mon dernier livre qui porte le titre explicite du
Philosophe nu[1] : le calme est déjà là, en moi, à
demeure si je puis dire. Si je le cherche ailleurs, je
lui suis infidèle. Être dans le dépouillement, c'est
être totalement soi, totalement nu pour laisser

1. Paris, Seuil, 2010.

éclater cette joie qui est déjà présente en nous, qui nous précède. Nul besoin d'aller la chercher, de la séduire pour qu'elle vienne. Elle est déjà là. C'est une passion, disait Spinoza[1]. Il n'y a rien à faire pour la laisser advenir.

Je m'aperçois que j'ai voulu chercher à l'extérieur, dans la façade, dans le paraître, dans les exercices spirituels, ce qui était déjà donné en surabondance au fond du fond. Selon Dôgen, le don est la voie du détachement. Et l'on prête à Gandhi cette formule merveilleuse : « Il faut vivre simplement pour que d'autres puissent simplement vivre. » Cela fait écho à la phrase de mon ami : « Plus de liens, moins de biens. »

Depuis que j'ai entendu cette formule radicale, j'essaie de donner un livre, un objet qui m'est cher. Corine, ma femme, constatait que j'avais tendance à donner ce qui m'était superflu. Les livres de poche avant les gros volumes de philosophie, par exemple. Non, se dépouiller, c'est aller contre ce désir d'accaparer les choses. Un jour, sérieux comme un pape, j'ai convoqué mes enfants. Nous avons choisi trois livres dans lesquels nous avons glissé un billet de dix francs, et je leur ai dit : « Le premier clochard que l'on rencontrera, on lui donnera un livre. » Nous avons donc cheminé et nous avons bientôt trouvé un

---

1. Je me réfère à Spinoza, *Éthique*, Livre III, Définitions générales des affects, *op. cit.*

homme assis par terre. Victorine et Augustin ont très solennellement et très simplement déposé un des livres devant lui. Et nous avons continué notre chemin. Nous avons ensuite croisé un artiste de rue qui, immobile, faisait le robot, et chaque fois que l'on jetait une pièce dans son panier, bougeait un orteil ou un bras. Ma fille a mis à ses pieds un autre livre. L'ironie du sort a voulu qu'il traite de la manière de rester zen en toute occasion. J'ai ressenti une joie soudaine. La joie que je croyais d'habitude éprouver en achetant un nouveau bouquin ou un nouvel habit. Elle rayonnait en moi par le simple fait que je m'étais ouvert à l'autre. Au terme de la promenade, nous sommes revenus sur nos pas et nous avons revu le clochard qui était en train de lire *De la brièveté de l'existence*. J'en ai eu les larmes aux yeux. Le refrain du *Soûtra du Diamant* a alors retenti comme un fouet tonique et stimulant : « Le clochard n'est pas le clochard, c'est pourquoi je l'appelle le clochard. » Du coup, ce n'était plus la personne handicapée qui regarde le clochard mais des êtres humains, quatre en l'occurrence, réunis par un lien, par le dépouillement. Se dépouiller, ce n'est pas s'arracher quelque chose, ce n'est pas aller vers le manque ou la privation, mais au contraire s'ouvrir à ce que l'on est vraiment. Il ne s'agit pas d'en « faire des tonnes » et de donner par pur masochisme mais de se dépouiller de tout ce qui n'est pas nous pour être ce que nous sommes vraiment. Le dépouillement démarre par des petits gestes quotidiens et qui nous conduisent peut-être vers le gros dépouillement : se dépouiller du gros moi, bien installé, que je crois être, mais qui m'étouffe, qui m'empêche d'être libre et joyeux, d'avancer nu.

À force de vouloir amasser, on se prive de ce que donne la vie. Un clochard qui n'est pas un clochard, un handicapé qui n'est pas un handicapé, une vie qui n'est pas une vie et un dépouillement qui n'est pas un dépouillement – c'est pourquoi je l'appelle dépouillement –, voilà le chemin !

Le Désir

Le désir a mauvaise réputation. On s'en méfie. Dans la spiritualité, certains se proposent même de lui tordre le cou. Est-ce que l'on ne pourrait pas imaginer faire un meilleur usage du désir ? Spinoza fait une distinction qui m'aide beaucoup : il y a les désirs adéquats et les désirs inadéquats. Un désir adéquat, c'est un désir qui naît au plus profond de soi et qui n'est pas importé du dehors. Il me semble que c'est celui-là qu'il s'agit de visiter. Cette réflexion sur le désir pourrait nous aider à nous demander quel est le désir profond qui habite notre existence. Souvent, il y a un gouffre entre ce que je veux réellement au plus profond de mon être et ce après quoi je cours. Rien d'étonnant à ce que je ne sois jamais satisfait si je ne prends pas le temps d'écouter le désir fondamental de ma vie. La première étape consiste, me semble-t-il, à être à l'écoute des désirs qui me caractérisent et à les considérer comme des enfants. Quand je regarde mes enfants, je n'ai aucun jugement *a priori*. Alors que mes désirs, quand ils naissent, je veux d'emblée les éduquer, les domestiquer, les maîtriser. Pourquoi ne pas prendre un peu de temps et oser l'inaction ? Nous vivons dans une société qui nous pousse à agir et à réagir. Ici, nous prenons le temps de parler de paix, de calme, alors que la société nous enjoint à répondre sur-le-champ aux textos, aux emails, et nous n'apprenons pas à différer, à prendre le temps d'écouter la vie, afin de ne pas aller plus vite que l'existence. Souvent, quand on souffre, on veut trouver une solution rapidement, on veut progresser et l'on se précipite. J'aime bien le verbe « précipiter ». En latin, il signifie « se lancer la tête la première ». Un bon usage du désir serait de rester calme et serein quand un désir se lève, et de le regarder passer. Il y a au plus profond de mon cœur une loi quasi implacable qui veut que chaque instant soit empreint de manque. Tandis que je parle ou écris, je suis bien. Pourtant, je pense à mes enfants. Quand je suis avec mes enfants, il me manque un ami. Quand je suis avec cet ami, il me manque ma femme. Toujours, le manque est présent. La plus grande sagesse qui me manque, c'est de savoir cohabiter avec ce manque.

Il y a quelques années, au Népal, j'ai rencontré deux anciennes prostituées qui avaient été vendues à un réseau. L'une d'elles m'a dit : « Je ne serai jamais heureuse tant qu'il y aura du trafic d'enfants dans le monde. » J'ai alors compris que tout mon travail spirituel, que toute mon œuvre intérieure étaient vains à vouloir combler le manque. En revanche, je sens que si je l'appréhende avec bienveillance, il peut devenir un ami, une source, une fécondité. C'est drôle… je cours devant lui, je le fuis, et pourtant il me résiste et habite bien souvent le cœur de ma vie. Aujourd'hui, devant l'impossibilité de fuir, je suis appelé à mieux l'écouter, à en faire un ami. Non pas un maître, il ne s'agit pas là de maître ou d'esclave, mais de cohabiter paisiblement avec ce manque.

Cette pensée sur le désir pourrait simplement consister à m'interroger sur le degré de ce désir de ne pas souffrir dans ma vie. Si je m'observe, je constate que ce désir-là est tenace et que, peut-être, il me fait davantage souffrir que la souffrance elle-même. Le désir de ne pas souffrir est tellement présent en moi que je me protège de la vie. Ce faisant, j'empêche ce qui me permettrait de la goûter pleinement, c'est-à-dire l'abandon. Un matin, je me suis levé et je me suis dit : « Je vais essayer de ne pas souffrir jusqu'à midi. » Inutile de dire qu'à 9 h 33, déjà, j'avais pris des coups dans le cœur, que mon ego avait pris deux trois claques et quelques revers de main. La souffrance faisait bel et bien partie de ma vie. À partir de ce constat, j'ai revisité mon désir de ne pas souffrir et j'ai compris que, quoi que je fasse, je ne pouvais pas me protéger contre la souffrance. Il y a une souffrance qui ne dépend pas de moi. J'aurai beau mettre mes enfants sous verre et les protéger contre tout microbe, un jour, peut-être que la vie décidera de me les prendre. D'ailleurs, il n'y a rien à prendre, tout est donné. Le désir peut donc devenir un instrument pour revenir au réel. Désirer le mieux. Il ne s'agit pas de tomber dans le fatalisme et de dire : « Je ne fais plus rien », « Je ne désire plus rien », « Je mets tout ça sous vide », mais de faire du désir un instrument de liberté. Je désire, parmi tout le fatras passionnel qui est en moi, un peu plus de liberté et j'avance, mû par ce désir.

La Détente

Sur la porte de la chambre à coucher, ma femme a accroché un petit panneau qui m'est d'une grande aide. Il porte l'inscription suivante : *La détente n'est pas la détente, c'est pourquoi je l'appelle la détente.* « Détente » est un mot très important pour moi. Selon moi, la joie procède de la non-tension, et de l'acceptation. Or, celle-ci advient, me semble-t-il, quand les tensions sont apaisées ou du moins assumées. Dire : « La détente n'est pas la détente, c'est pourquoi je l'appelle la détente », c'est aller à l'encontre des modes d'emploi et des diktats que l'on trouve partout : « Détendez-vous », « Soyez zen »… Mais la détente, une fois encore, plus on la cherche, moins on l'atteint. La détente, c'est être ce que nous sommes véritablement au fond du fond. En la cherchant, on en fait au contraire un objet. Dans la tradition zen, on dit que le zazen est une méditation sans objet.

Zazen, c'est la méditation assise ; *za* signifie

« assis » en japonais. Personnellement, je la pratique couché, car je ne peux pas me tenir en tailleur. Un jour, j'ai croisé une disciple de Deshimaru, et quand je lui ai dit que je faisais zazen couché, elle s'est offusquée. Mais si l'on pense que le Bouddha s'adresse à tout le monde, je crois qu'il nous fera grâce de méditer couché. Et si nous sommes tous, boiteux ou pas, la nature de Bouddha, la méditation consiste justement à rejoindre notre nature première. D'ailleurs, la véritable détente n'est pas une véritable détente, c'est pourquoi je l'appelle véritable détente.

Encore une fois, il ne s'agit pas de se fixer un objectif : « C'est cela, la véritable détente. » Sinon, inévitablement, dès que je dis : « Bon sang, je ne suis pas détendu », je me tends encore plus. C'est cela qui est beau dans la méditation zen : que la détente advienne malgré moi. Celle-ci est alors le fruit d'une authentique et vraie rencontre. Comme disent les bouddhistes, la rencontre avec son vrai visage, la découverte de sa vraie nature. Souvent, on va à l'extérieur connaître le monde sans être conscient de tout ce qui est enfoui sous les personnages, les rôles que l'on joue et qui nous habitent. Tant que nous n'avons pas rejoint ce que nous sommes véritablement, la détente n'est qu'une apparence. Une réflexion de Swâmi Prajnânpad m'aide beaucoup : selon lui, aimer quelqu'un, c'est l'aider à se détendre[1]. Voilà une belle pharmacopée, un bon exercice spirituel que j'essaie de pratiquer quand je côtoie quelqu'un, quand je rentre dans une pièce où il y a du monde, quand je croise un être cher ou un inconnu dans la rue. Je me demande : « Qu'est-ce que je peux mettre en œuvre pour l'aider à se détendre ? » Si ce n'est que mettre en œuvre, c'est déjà faux, car plutôt que de faire, il s'agit juste d'être.

---

1. Je m'inspire de : Arnaud Desjardins et Véronique Desjardins, *Les Formules de Swâmi Prajnânpad*, Paris, La Table ronde, 2003, p. 148. La citation exacte est : « L'amour consiste à aider l'autre à relâcher ses tensions. »

La Détermination

« Il est plus difficile d'être un honnête homme huit jours qu'un héros un quart d'heure[1]. » Cette phrase de Jules Renard me touche et me parle. Dans l'art de vivre que j'essaie de découvrir à travers ce *Petit Traité*, la détermination est un pilier important. Nous avons tous des velléités de changer. Le 1er janvier, par exemple, nous prenons de bonnes résolutions. Mais elles tiennent à peine jusqu'au 3, voire au 4. Comment persévérer ? Ou, pour le dire dans les mots de Jules Renard, comment être un honnête homme un peu plus que huit jours ?

Tout d'abord, je n'aime pas beaucoup la notion de héros. Je pense qu'il est plus difficile d'assumer son quotidien, de vivre joyeux avec une maladie ou de traverser un deuil que de traverser la mer avec une planche à voile ou un hydravion. Encore

1. Jules Renard, *Journal 1887-1910*, Paris, Robert Laffont, coll. « Bouquins », 1990, 17 juillet 1907.

qu'il ne faille pas catégoriser, ne pas fixer justement. En tout cas, toute mon admiration va vers
les *héros*, les héros de la petite joie quotidienne.

Ce qui les aide, ce qui nous aide, c'est peut-être
précisément la détermination et l'action. J'aime ce
principe d'action. J'ai beaucoup parlé d'abandon
jusqu'ici. Or, l'abandon, ce n'est pas du tout la
résignation, mais plutôt l'action d'action en action.
Être totalement dans ce que je suis. Rien d'autre.
Dans le zen, il y a la notion de *shikantaza* : « juste
être assis ». Elle nous ramène à la détermination.
Parfois, surtout quand cela va mal, on voudrait
tout changer dans sa vie – changer de look, se
ravaler la façade, changer d'apparence, faire « peau
neuve ». Tandis que la détermination, c'est la
persévérance. Je continue coûte que coûte à avancer, je progresse, tel que je suis. Ce qui compte,
c'est faire ce pas, *juste* celui-ci. Demain, on verra.
Hier, c'est du passé. Cette belle détermination est
l'une des vertus cardinales du zen : en étant juste
assis, ici et maintenant, on laisse jaillir la nature
de Bouddha. Il ne s'agit pas de faire mais d'agir.
Faire, c'est fabriquer de nouvelles choses. Agir,
c'est être les deux pieds sur terre et avancer, sans
vouloir construire à tout prix du neuf.

Quand je vais chez le médecin, j'aime lui demander à la fin de la consultation : « Qu'est-ce que je
peux faire, *ici et maintenant*, pour aller mieux ? »
Lorsque je ressens une douleur dans la nuque ou
lorsqu'il y a un problème tenace dans ma vie, la

pratique de la détermination me conduit à faire un pas, le premier, aussi petit soit-il, pour me diriger vers le mieux.

Je pense qu'abandon et détermination font bon ménage. La détermination, ce n'est pas s'accrocher au futur et affirmer : « Un jour, je serai guéri. » Non, c'est plutôt de dire : « La guérison, c'est ici et maintenant. Quel pas je peux faire pour aller un tout petit mieux aujourd'hui, ici et maintenant ? » D'abord, il faut beaucoup de détermination pour avoir l'audace de s'abandonner. Ce qui m'a aidé à entrer dans l'abandon, outre le *Soûtra du Diamant*, c'est le saut en parachute. C'était une folie de jeunesse, pour tenter une nouvelle expérimentation quand la véritable expérience est justement l'héroïsme du quotidien, de la banalité, se lever le matin et être émerveillé d'un rayon de soleil que l'on voit tous les jours, d'un rossignol qui chante à six heures du matin et qui nous casse les pieds. L'héroïsme c'est cela, c'est goûter à fond le réel. Avant de sauter en parachute, on ne sait pas si le parachute s'ouvrira ou pas. Il faut essayer pour vérifier si ça marche. Si ça ne marche pas, on s'en aperçoit très vite ! L'abandon, c'est un peu cela.

Selon ce qu'a écrit Aristote, c'est en pratiquant la vertu que l'on acquiert la vertu[1]. C'est en faisant des petits actes de confiance que l'on

---

1. « C'est en pratiquant la vertu qu'on acquiert la vertu », Aristote, *Éthique à Nicomaque*, II, 1, *op. cit.*

devient confiant. Moi, je me disais souvent :
« Quand j'aurai la confiance, je ferai des actes de
confiance. » C'est le contraire qui est vrai. C'est
en faisant chaque jour un tout petit peu confiance
à la vie que, peu à peu, la confiance se découvre.
Il ne s'agit pas d'importer la confiance mais de
voir qu'elle est déjà en nous. Quand je prends ma
petite fille Céleste dans mes bras, elle ne se dit
pas : « Papa a des spasmes, il va me lâcher, je vais
m'écraser sur les carreaux de la cuisine. » Non,
elle se donne totalement. Je crois que la détermination, c'est conjuguer l'abandon et une infinie
confiance en la vie. Qu'est-ce que je peux faire
pour me protéger de la vie ? Absolument rien. Et
pourtant, jour après jour, j'essaie de construire des
boucliers et des façades qui me protégeraient du
tragique de l'existence. La dimension tragique de
l'existence fait partie de la vie. Quand on l'a compris du fond de son être, on peut danser avec ce
tragique sans se crisper. Mais en attendant, il faut
beaucoup de détermination pour s'en approcher,
même petit à petit. Amiel disait : « Mille pas en
avant, neuf cent quatre-vingt-dix-neuf en arrière.
C'est cela le progrès[1]. » Le désir aliéné voudrait
que l'on progresse une fois pour toutes, que l'on

---

1. La citation exacte est : « Mille choses avancent ; neuf
cent quatre-vingt-dix-neuf reculent. C'est là, le progrès. »
Henri-Frédéric Amiel, *Fragments d'un Journal intime*, Boston,
Adamant Media Corporation, « Elibron classics », 2001.

guérisse de toutes nos blessures intérieures. Mais la chose est sans doute radicalement impossible. Ce qui nous sauve, c'est de savoir que l'on ne peut pas guérir de ses blessures mais que l'on peut vivre avec, que l'on peut cohabiter avec elles sans qu'il y ait nécessairement de l'amertume. Et la détermination, c'est peut-être, par un jour d'épais brouillard, quand on ne voit rien à deux mètres, de continuer d'avancer. Ce qui m'aide, c'est le *shikantaza* du zen. On pourrait pratiquer le *shikan* : « juste être là », « juste être un papa », « juste être un ami », « juste être en train d'aller un petit peu mieux sans me charger du désir qui m'empêche d'être ce que je suis ». Je suis déterminé à devenir ce que je suis avec une infinie patience.

La Foi et la Prière

Est-ce que j'ai la foi ? Certaines nuits, je me réveille en songeant que l'univers est vaste et que dans quelques années, je ne serai plus là. J'ai des angoisses et cet univers me paraît dépourvu de sens. Certains matins, je me lève avec la confiance absolue en mon cœur et je suis sûr que Dieu, qui n'est pas Dieu c'est pourquoi je l'appelle Dieu, existe et qu'il est infiniment bienveillant.

Est-ce que j'ai la foi ? La réponse est donc oui et non. Certains jours, je me lève croyant pour me coucher athée. Pourtant, lorsque je médite en profondeur, la réponse est oui. Au niveau du cœur, j'y crois totalement ; mais rationnel-lement, c'est plus compliqué. Quand j'ai réalisé ce contraste entre le cœur et l'esprit, j'ai éprouvé une joie infinie parce que j'y ai trouvé une fois de plus une invitation à descendre au fond du fond. Comme en pleine mer : à la surface il y a mille vagues, mais au fond du fond, c'est calme, immensément calme et bienveillant. Plein de joie, j'ai réalisé que je devais tendre l'oreille à mon cœur qui, lui, est déjà en paix. Le cœur, d'ailleurs, ne dit jamais non. J'ai constaté que le cœur accepte la réalité, le handicap, la souffrance, les quolibets, les regards. C'est l'esprit qui m'en éloigne. C'est le mental, c'est la psychologie à deux sous que je me suis fabriquée.

Un jour, dans un monastère, je faisais part à un moine de mes doutes et de ma foi, qui n'est pas une foi c'est pourquoi je l'appelle foi. Il m'a dit : « Toi, tu es comme Dieu. On vous prend presque toujours pour quelqu'un d'autre, sauf ceux qui vous aiment vraiment. » Et il m'a convié à pratiquer un exercice. Il m'a donné une croix et m'a invité à l'envoyer contre le mur et à faire tout ce que j'avais envie de faire avec elle. Tout de suite, je lui ai répondu : « Mon père, je ne peux pas faire ce que tu me dis, c'est un blasphème, je ne peux pas insulter comme ça la religion. » Et il m'a dit : « Ce que tu prends pour de la religion, c'est une idole. » Alors j'ai fait l'exercice de la croix. Je l'ai jetée contre un mur. Je l'ai triturée et je me suis aperçu que plus je faisais cela, plus mon amour de Dieu était sans peur. Quand j'ai raconté cela à ma femme, elle m'a dit : « On pourrait pratiquer cet exercice avec tous ceux que l'on aime. » Mais ce serait plus difficile de jeter sa femme contre un mur ! Cela dit, il y a là quelque chose d'éminemment profond. Tant que j'aime une image de Dieu ou une image de ma femme, je ne l'aime pas pour elle-même. Tant que j'aime l'image parfaite, impeccable de mes enfants, je ne les aime pas pour ce qu'ils sont.

Pour moi, la prière, c'est se présenter nu à Dieu, sans attentes. On considère souvent la prière comme une demande. Je demande la santé, je demande la prospérité et je demande régulièrement, pour ma part, d'être épargné de la perte d'un enfant. Mais depuis que j'ai lu le *Soûtra du Diamant*, il m'apparaît que la prière n'est pas la prière, c'est pourquoi je l'appelle la prière. La prière, ce n'est pas : « Donne-moi ça. » Parce que quand on dit : « Donne-moi ça », on se coupe de tout, on se fixe, on se borne à un résultat. Si Dieu existe, il ne va pas donner une réponse clé en main à notre prière. Il ne va pas servir l'objet de nos désirs sur un plateau : « Voilà ce que tu m'as demandé ! » Peut-être que dire : « La prière n'est pas la prière c'est pourquoi je l'appelle la prière », c'est dire : « La réponse à ma prière n'est pas la réponse à ma prière c'est pourquoi je l'appelle la réponse à ma prière. » Être sans attente. Se laisser ouvrir. Lire le *Soûtra du Diamant*, c'est plonger au fond du fond pour n'être que pure écoute. Oser laisser la vie sans vouloir changer quoi que ce soit. Oser lâcher cette obligation de résultat, de réponse, et le silence peut devenir un lieu de ressource. Parfois, dans l'épreuve, ma prière c'est juste être là. J'attends sans attendre, dans la confiance. Être nu devant Dieu, confiant et sans attente. La confiance ce n'est pas : « J'attends des trucs. »

Une phrase de saint Augustin m'aide beaucoup : « Ne fuis pas, rentre en toi-même ; c'est dans le cœur de l'homme qu'habite la vérité […][1]. » Et chaque fois que je dois prendre une grande décision, j'essaie de suivre saint Augustin et peut-être de prendre le sous-marin de l'âme pour descendre au plus profond de moi, pour y entendre silencieusement un conseil, une voix discrète dans les tumultes de mes caprices, qui m'indique non pas un chemin à suivre mais une direction, qui me suggère le pas à faire. Et de nouveau la prière n'est pas la prière, c'est pourquoi je l'appelle la prière. Avant, j'imaginais la prière comme une voix intimant des ordres : « Fais ceci, fais cela ! » Mais cela nie la grandeur de Dieu et la liberté infinie de l'homme.

Pour le chrétien, la prière procède avant tout d'une rencontre. Une rencontre avec le Christ, avec Jésus. Et ce qui me plaît dans le parcours de Jésus, si j'ose dire, si l'on regarde sa vie à vue humaine, c'est qu'il y a l'échec, sauf son adhésion totale à la vie. La croix, pour moi, c'est le degré zéro de l'espoir. Jésus a tout raté au moment de la

---

1. Saint Augustin, *De la vraie religion*, 39, 72. Il existe plusieurs traductions de cette phrase célèbre. En voici une autre : « Ne t'en va pas au-dehors, rentre en toi-même ; au cœur de la créature habite la vérité. »

croix. Tout a échoué. Pourtant, pour le croyant, pour le chrétien, c'est là que la vie commence. Elle gagne du terrain, ou plutôt elle gagne en même temps qu'elle perd. C'est le degré zéro de la vie humaine, il n'y a pas d'espoir, et pourtant ce degré zéro devient le lieu du salut. Souvent, dans la prière, je pense à cela. Quand je suis vraiment dans la désolation, quand il n'y a plus rien à faire, j'ose l'abandon total.

L'autre soir, j'étais dans mon lit, le sommeil ne venait pas. J'avais une gouttière dans la bouche pour limiter les tensions de ma nuque. J'avais une pompe à respirer sur le nez pour mieux dormir et un truc aux jambes pour diminuer les douleurs. Le sommeil ne venait pas. J'ai prié et j'ai senti que Dieu était aussi impuissant que moi dans cette situation. Paradoxalement, cela m'a conduit à l'abandon total. Et c'est peut-être cela le miracle. Dix minutes après, je ronflais comme un sonneur.

La Fragilité et la Patience

Dans ma prime jeunesse, j'ai fait l'éloge de la faiblesse[1]. Aujourd'hui, je serais plus prudent parce que je constate que la faiblesse, comme les blessures, peuvent aigrir, voire tuer. D'où la nécessité d'un art de vivre pour aller dans l'abandon. Pour ne pas se laisser détruire par les tuiles qui se présentent, par les coups du sort. J'ai beau chercher, ce qui m'aide le plus, c'est l'abandon et les amis dans le bien. Quand j'allais mal, j'ai eu la chance d'avoir auprès de moi ma femme qui ne jugeait pas, qui était là dans une totale ouverture à ce que j'étais. L'amour inconditionnel, je l'ai vécu. Quand l'autre souffre à côté, on a tendance à meubler sa détresse par des discours, en jouant un rôle social, au lieu de faire silence quand il y a en nous des blessures qui ressurgissent comme des vagues. Parfois, une vague de fragilité, de faiblesse passe. Je m'agite et je me noie encore plus.

1. *Éloge de la faiblesse*, Paris, Cerf, 1999 ; Marabout, 2011.

Il n'y a pas si longtemps, j'étais vraiment dans le désespoir. J'avais peur. J'ai appelé un ami et je lui ai dit : « Je suis comme dans une machine à laver au moment de l'essorage. » Et pour un bon essorage, il faut bien compter mille trois cents tours minute, n'est-ce pas ? Je lui ai demandé : « Qu'est-ce que je dois faire ? » Il m'a répondu : « Rien, ne faites rien. Attendez ! » Et là, pour le coup, j'ai connu l'abandon. J'allais extrêmement mal, je voulais que ça aille mieux, et il fallait juste attendre que la vague passe. Je crois que le summum du courage, à ce moment précis, c'était d'aller au lit, de s'étendre et de ne pas bouger un orteil. Ne rien vouloir changer. C'est, paradoxalement, ce qui m'a le plus aidé à changer. Essayer d'être là. Même pas essayer, être là, sans vouloir changer quoi que ce soit. J'ai lu chez Angelus Silesius une phrase qui me parle et me touche profondément. Il écrit : « Ami, sois patient. Celui qui veut se tenir devant le Seigneur doit d'abord marcher quarante ans parmi la tentation[1]. » Quarante ans, c'est long. Je voudrais tellement tourner la page de mes blessures et de mes fragilités ! Pourtant, Angelus Silesius m'indique l'attitude à avoir. Je crois que c'est là, peut-être, la grande fécondité. L'abandon, c'est peut-être ne plus considérer ses fragilités comme des ennemies à

---

1. Angelus Silesius, *Le Voyageur chérubinique*, Paris, Payot et Rivages, 2004, livre I, § 289.

abattre. Ne plus considérer les blessures comme l'adversaire numéro un, mais les accueillir. Ami, sois patient ! Que celui qui veut se tenir devant le Seigneur soit dans la joie ! La prière c'est cela pour moi : être au fond du fond de nous-mêmes, là où la joie nous précède. Mais il faut d'abord marcher quarante ans parmi la tentation.

J'enlèverais peut-être le « d'abord ». On peut marcher quarante ans dans la blessure et l'angoisse et être dans la joie. Ce n'est pas quand j'aurai réglé tous mes comptes avec la vie que je serai heureux. C'est ici et maintenant, avec mes mille blessures, que je suis déjà dans la joie. À se souvenir lors du prochain essorage (mille trois cents tours minute !) : oser la patience. Oser la non-lutte. C'est peut-être le summum du courage. Comme le faisait Épictète, distinguons ce qui dépend de nous et ce qui ne dépend pas de nous[1]. Pour ce qui dépend de nous – les blessures, les souffrances que l'on peut éviter –, on doit tout mettre en œuvre pour passer à autre chose. Il existe pourtant des blessures qui nous résistent et qui sont inévitables. Ainsi va la vie. Alors, avec Angelus Silesius, il faut oser la patience. Parfois, je me reproche d'être impatient. Peut-être que la grande patience commence là, en étant patient

---

1. Je me réfère ici à la célébrissime distinction qui ouvre le *Manuel* d'Épictète. Épictète, *Manuel*, Paris, Mille et une nuits, 1995, p. 7.

face à son impatience. Dans le *Soûtra du Diamant*, le Bouddha Shakyamuni nous donne un outil lorsqu'il dit que dans la grande patience, il n'y a personne qui patiente. Autrement dit, la patience, ce n'est pas un effort, une crispation, mais un laisser-être, un abandon précisément.

La Gratitude

J'aimerais prendre du temps pour examiner un terme qui m'est cher, un exercice à proprement parler. S'exercer à la gratitude. Je crois souvent que le bonheur procède de la conquête. Il faut posséder, avoir, conquérir. Alors que la joie, c'est peut-être tout simplement – et ce n'est pas si simple que cela – s'ouvrir à ce qui est, donner quotidiennement. La joie procéderait à mes yeux plus de l'acte de recevoir que de celui de conquérir. Et si, justement, l'exercice de la gratitude ouvrait notre capacité à recevoir tout ce que la vie donne ?

Il s'agit d'abord de bien regarder autour de nous. Platon utilise, dans le *Gorgias*, la belle image du tonneau percé[1]. Tout ce que l'on y met s'en échappe. Comme dans la vie. Rien de ce que l'on amasse ne nous comble. On ne sait pas recevoir les fruits, les cadeaux de la vie dans ce tonneau sans fond. Sommes-nous des tonneaux percés ? Voilà

---

1. Platon, *Gorgias*, Paris, Flammarion, [1987] 1993, 493b-e.

peut-être la première interrogation ! Voilà peut-être qui nous éclaire sur le manque, le vide que l'on croit ressentir certains jours tout au fond de nous ! J'ai enfin pris conscience de cela, quoique cette prise de conscience se soit faite jour après jour, petit à petit. Et c'est ce « petit à petit » qui est difficile dans l'art de vivre auquel j'essaie de me tenir. Un jour je vais bien, je me sens libéré, et le lendemain, une petite bricole me plonge au fond du gouffre.

Il y a peu, j'ai commencé à suivre des cours de judo. Je suis ceinture jaune. Celui qui essaierait de piquer mon porte-monnaie s'en rendrait vite compte ! Lors d'un entraînement, je suis tombé sur un beau judoka et je me suis dit : « J'aimerais tellement être dans ce corps d'athlète. » Il avait une musculature de rêve, un ventre plat, des épaules bâties comme celles d'un Apollon. « Si j'avais ce corps, continuais-je, je serais le roi de la terre. Toutes les filles m'aimeraient et plus aucune ne se moquerait de moi. » Mais à la fin de l'entraînement, mon beau judoka pleurait à chaudes larmes : il avait perdu. Il était inconsolable, et il sanglotait à l'idée de rater sa ceinture marron. Alors je me suis vu pendant l'entraînement.

Lors de mes premiers cours, j'éclatais de rire chaque fois que je tombais. Je me relevais presque hilare en me rappelant ce qu'avait dit le médecin à mes parents : « Il ne marchera jamais. » Dans mon cas, la gratitude, c'est peut-être de savoir d'où je viens et ce que j'ai reçu de la vie. Si je louche sur le beau judoka, il est clair qu'il me manque des ceintures et que je n'aurai jamais un physique de rêve. J'aurai beau faire tous les régimes du monde et autant d'heures de musculation que je veux, jamais je n'aurai ce corps. En revanche, si je me rappelle chacun des pas – et c'est au sens propre que j'emploie le mot –, que j'ai faits pour arriver là et pour avoir la possibilité de me faire casser la figure sur un tatami, j'éprouve une joie insondable.

La gratitude n'est pas de nier le tragique de l'existence. Il ne s'agit pas de dire à quelqu'un qui est dans la souffrance : « Regarde tout ce que tu as de beau ! » Ce serait presque insultant, cela le culpabiliserait de se sentir mal. La gratitude, c'est plutôt de se nourrir de ce qui va bien, de savourer tout ce qui est donné. Alors pour le coup, il est peut-être bon de jeter un coup d'œil sur le passé, même si je me l'interdis souvent, pour ne pas tomber dans le regret et les remords. L'exercice de gratitude passe peut-être aussi par cette relecture du passé. Dans la tradition ignacienne, on propose cette relecture pour ne pas passer à côté de la vie. À mes débuts dans cette pratique, je me demandais chaque soir : « Qu'est-ce que je retiens de la journée ? » La question que je me pose à présent est plutôt : « Qu'est-ce que la journée m'a donné, ici et maintenant ? » Le judoka en larmes m'a invité à savourer ma condition fragile, précaire, qui se casse la figure, dans tous les sens du terme, mais qui est là et qui avance.

Une très belle phrase de Blaise Pascal m'invite à la gratitude et à la non-fixation : « C'est là ma place au soleil. Voilà le commencement et l'image de l'usurpation de toute la terre[1]. » Quand on commence à considérer la vie comme un dû et non comme un cadeau, quand on dit : « C'est cela, ma place au soleil », on se prépare à beaucoup de souffrances. Car une chose est certaine : au terme de la vie, nous perdrons tout. Alors autant tout lui donner. Autant considérer la santé des enfants, notre propre santé, nos amis, comme des cadeaux immenses et non comme un dû. En somme, la gratitude, c'est revisiter tout ce que l'on reçoit avec une liberté nouvelle et en profiter encore plus, sans s'accrocher, sans s'agripper.

1. La citation complète est la suivante : « Ce chien est à moi, disaient ces pauvres enfants ; c'est là ma place au soleil. Voilà le commencement et l'image de l'usurpation de toute la terre. » Pascal, *Pensées*, Paris, Librairie générale française, 1972, § 295, p. 144.

La Gratuité

Lorsque je regarde jouer les enfants, il me semble que j'ai perdu ce rapport naïf et innocent qu'ils ont à l'existence. J'ai toujours besoin que la journée rapporte un gain, et d'être mieux lorsqu'elle se termine que lorsqu'elle a commencé. Comment retrouver la gratuité ? Comment jouer avec la vie comme un enfant, « sans but, ni esprit de profit[1] » comme dirait Dôgen ? J'ai l'impression que plus je me fixe d'objectifs pour la journée, plus je ressens le stress de ne pas les atteindre. Alors chaque matin, puisque j'ai des tonnes d'objectifs et que je n'arrive pas à les sabrer, je me propose comme exercice spirituel de me demander ce qui est essentiel dans cette journée que le bon Dieu me donne.

En parlant de bon Dieu, Jean XXIII, dans son

---

1. L'expression *mushotoku* est souvent traduite par « sans esprit de profit ». Littéralement, elle veut dire : « Il n'y a rien à obtenir / saisir / gagner / trouver ».

Journal de l'âme, écrit le 23 décembre 1962 :
« Aujourd'hui a été moins mal qu'hier. Demain
doit être meilleur qu'aujourd'hui et ainsi de suite.
Avec la grâce de Dieu. J'insiste sur un principe
auquel je ne penserai jamais assez. Je dois faire
chaque chose, réciter chaque prière, observer
chaque règle comme si je n'avais rien d'autre à
faire, comme si le Seigneur m'avait mis au monde
uniquement pour bien faire cette action et qu'à
son bon accomplissement était attachée ma sanc-
tification sans tenir compte de ce qui précède ou
de ce qui suit. » Il ajoute : « Ce principe demande
que l'on soit présent à soi-même, que l'on pratique
le *fais ce que tu fais* et que l'on s'y maintienne sous
le regard de Dieu. Mais pour qu'il obtienne son
effet, il est nécessaire de le mettre en œuvre dès
les premières actions de la journée[1]. »

Magnifique texte, qui se rapproche à merveille
de l'esprit du zen.

Comment, paradoxalement, apprendre à se
laisser flotter en se donnant tout entier dans
l'action ? J'aime beaucoup citer un terme japonais. Ce n'est pas par cuistrerie, il a un côté
énigmatique qui me plaît : *mushotoku* signifie
« sans but ni esprit de profit ». On pourrait tout
revoir, ou tout voir – parce qu'il ne s'agit pas
de tout recommencer mais de commencer ici et

---

1. Jean XXIII, *Journal de l'âme. Écrits spirituels*, Bourges,
Cerf, 1964.

maintenant tout ce que l'on fait – à la lumière de cette expression.

Dans son journal *Une vie bouleversée*[1], Etty Hillesum dit que l'on vit toujours au stade préparatoire. On espère le bonheur. On rencontre des gens pour être heureux. On fait du grec pour savoir quelque chose un jour. Tout ce que l'on accomplit l'est pour quelque chose d'autre, et cela risque fort de nous mener à l'épuisement. Le précepte de Jean XXIII, valable pour un croyant comme pour un athée, revient à se dire : « Je suis fait entièrement pour ce que je fais à la minute même. » Quand je parle à ce micro, je suis conçu pour parler à ce micro ; quand je lis ce livre, je suis fait pour le lire. Toute mon histoire y afflue comme une rivière, en un point crucial. Mes souffrances, mes joies, tout dans ma vie converge dans cet acte. Je peux être totalement dans l'action sans penser à ce que je ferai après. Angelus Silesius disait : « La rose est sans pourquoi. Elle fleurit parce qu'elle fleurit. N'a pour elle-même aucun soin. Ne demande pas "suis-je regardée ?"[2]. » Dans le « pourquoi vit-on ? », il y a souvent « pour les autres ». Finalement, on est peu de chose. On va « claquer » dans quelques années, c'est une chose certaine. Que restera-t-il

---

1. Etty Hillesum, *Une vie bouleversée*, Paris, Seuil, 1985.
2. Angelus Silesius, *Le Voyageur chérubinique, op. cit.*, livre I, § 289.

de nous ? Rien ou pas grand-chose. Voilà une invitation à savourer la gratuité. Il n'y a pas de sens à l'existence. Pas de sens que l'on pourrait trouver *a posteriori* pour dire : « Ma vie a eu un sens. » Il n'y a pas à chercher pourquoi j'existe. La vie est purement gratuite. Il faut plutôt se demander comment je peux donner le maximum de tout ce que je suis aujourd'hui.

Vivre « sans pourquoi » m'aide beaucoup lorsque je suis totalement déterminé par des buts : « Je dois faire cela pour être heureux » ; « Si je n'ai pas atteint cet objectif cette année, ma vie sera loupée », etc. La vie n'est jamais loupée. La vie n'est pas à réussir. Ce n'est pas un objectif. Vivre est à soi sa propre fin. Quand je regardais ce matin ma petite Céleste gigoter sur la table à langer, elle était tout sourire. Elle s'observait les doigts de pied et les doigts de main, j'avais sous les yeux le spectacle d'une joie totale et d'une confiance absolue. Elle était donnée et d'une disponibilité incroyable. Elle ne se demandait pas : « Pourquoi je suis là ? » Elle ne faisait pas la belle devant son papa. Elle était là, en train de se faire langer, rieuse et ouverte à la vie. Je me suis imaginé pendant deux minutes à sa place, allongé sur le dos, les pattes en l'air. Je me serais inévitablement posé mille questions. Je me serais demandé : « Quand est-ce que ça va finir je vais attraper froid ? », « Qu'est-ce que je vais faire de la journée ? », « Est-ce que je vais voir tel ou tel ami ? », « Pourquoi Untel ne m'a pas répondu ? », « Et pourquoi papa me regarde comme ça ? »

La simplicité du bébé, c'est la gratuité. Il est « offert », sans protection. Bafouer la confiance d'un enfant est désastreux et ignoble. Le petit enfant est un maître en humanité car il vit dans le présent. Céleste ne se prépare pas à vivre ; elle vit. La gratuité est déjà donnée. Je n'ai qu'à tendre les bras.

L'Humilité

L'image qui me vient à l'esprit lorsque j'évoque la vertu lumineuse, « éclairante », d'humilité est celle du miroir. Le zen parle du miroir vide. En effet, le miroir reflète la réalité sans la déformer, sans s'en accaparer ni rien rejeter. On peut mettre une ordure devant le miroir, il reste propre. On peut mettre un diamant, une beauté fatale, il n'est pas troublé par ce qu'il contemple. Pour moi, l'humilité, c'est d'abord refléter et se connaître adéquatement. Si l'on suit saint Thomas d'Aquin et sainte Thérèse d'Avila, se dessine l'image d'une humilité qui consiste tout simplement à voir ce qui est, à être dans le vrai. Voilà un exercice spirituel qui nous empêche de nous replier sur nous-mêmes quand l'humilité nous invite à être avec tout ce qu'il y a dans le monde, dans notre chaos intérieur sans se replier sur notre beau nombril. L'humilité, c'est avant tout être vrai. Mais attention : être vrai, ce n'est pas vider ses poubelles. Être vrai, ce n'est pas *chercher* à être vrai. C'est simplement ne pas en rajouter. De même que le miroir ne rajoute rien à la réalité, et ne lui enlève rien non plus. L'humilité pourrait être un outil : ce diamant que l'on manie comme dans le *Soûtra du Diamant*, qui nous aide à être totalement ce que l'on est sans surjouer. Et à laisser l'autre tel qu'il est sans avoir la prétention de vouloir le changer.

Ce qui contrarie le plus l'humilité ce n'est pas la connaissance de ses compétences, ni de ses talents comme dit l'*Évangile*, mais c'est la prétention. Quand je prétends maîtriser la vie, ou vouloir changer l'autre, je m'éloigne de la terre. Il me plaît que le mot « humilité » contienne la racine *humus*, la terre, qui nous rapproche aussi de l'humour. L'humour peut facilement – enfin, quand il ne consiste pas à se moquer de l'autre – nous rapprocher de la terre, de ce que nous sommes vraiment. Un auteur anglais a dit : « Les commodités, les toilettes, c'est le lieu pour apprendre l'humilité. » L'humilité, c'est être juste à sa place. Elle se conjugue également, comme pour Spinoza, avec un acquiescement total à soi. Celui qui se dénigre va mendier à l'extérieur l'acquiescement, le bonheur, le plaisir, la joie d'être. Tandis que l'humble, parce qu'il « colle » à la réalité, n'a pas besoin d'importer le bonheur. Le suffisant et celui qui se dénigre sont loin de l'humilité. Le premier se coupe du monde en ne comptant que sur lui-même. Le second se coupe de lui-même en ne comptant que sur les autres. Ce qui m'aide à m'approcher peu ou prou de l'humilité, c'est la consigne d'Épicure qui disait en substance que quand un autre nous critique, c'est un gain plus qu'une perte.

J'aime l'idée que l'humilité, ce n'est pas se formaliser des remarques des autres, mais juste être en accord total avec la réalité du moment. Je ne suis pas ce que j'étais hier, je ne suis pas ce que je serai demain, je suis humblement ce que je suis ici et maintenant. Être humblement, là, signifie totalement, pleinement, joyeusement.

Le loup de Gubbio

Une phrase du poète Rûmî que je cite de mémoire me touche particulièrement parce qu'elle convertit mon cœur : « Dans l'homme existe un amour, une douleur, une inquiétude, un appel, de sorte que s'il possédait cent mille univers, il ne pourrait trouver le calme et le repos[1]. » Le repos ne vient pas de l'extérieur. Où trouver la paix ? Où trouver l'état de non-manque ? Peut-être justement en ne cherchant plus la paix, en ne cherchant plus à niveler tous mes chaos intérieurs. Et en apprenant ainsi une paisible cohabitation. J'aime cette idée que le calme advient quand on a cessé toute lutte et toute tentative d'aplanir ce qui ne peut l'être.

Aujourd'hui, en amenant mes enfants à l'école, je les mettais en garde contre tous les dangers, les chiens méchants, les maladies. Alors de sa petite voix assurée, Victorine a dit : « S'il y a un animal

1. Rûmî, *Le Livre du dedans*, Paris, Sindbad, 1976.

méchant, on fait comme saint François d'Assise avec le loup de Gubbio. On n'oublie pas qu'il est notre frère. »

Saint François d'Assise fut un jour appelé dans la ville fortifiée de Gubbio, en Italie, parce qu'il y avait dans les environs un grand et méchant loup qui terrorisait la population. Saint François voulut faire la paix avec lui. On raconte qu'il est sorti hors des murs avec un frère pour aller à la rencontre du loup. Les habitants de Gubbio lui criaient : « N'y va pas ! », « Tu vas te faire dévorer tout cru ». Mais saint François y courut. C'était presque une chance de mourir en martyr. Avant de trouver le loup, il dut traverser des espaces désertiques. J'aime bien cette image du désert, évocation du désert intérieur que l'on doit parfois traverser pour arriver à la source, à la paix, à la cohabitation pacifique avec tous les démons qui nous rongent. Il s'agit de traverser des lieux désertiques sans aucune source pour se désaltérer, où tout est aride. Frère François trouva le loup et se dirigea vers lui. En bon chrétien, il fit le signe de croix et dit à l'animal : « Frère Loup, ne viens pas manger frère Âne. » Frère Âne, pour saint François d'Assise, c'est le corps. C'est une belle façon de traiter le corps selon moi. Frère Âne… l'expression pourrait inviter au mépris du corps. Mais ce n'est pas cela. Au cours de son existence, saint François d'Assise adoucira son rapport au corps. Moi-même, j'aime m'adresser à mon corps en l'appelant frère Âne avec une infinie tendresse. Il est parfois drôle, et fait ce que je n'ai pas vraiment envie qu'il fasse. Bref, notre frère François est en face du loup et il l'apaise. La légende veut que les habitants de Gubbio aient ensuite nourri ce loup pendant deux ans avec amitié, et qu'à la mort de l'animal, toute la population ait été attristée de perdre un ami si cher[1].

L'histoire, bien sûr, relève de la légende. Libre à chacun d'y croire ou non. Elle nous enseigne cependant comment réagir à nos ennemis intérieurs, nos angoisses, nos peurs, nos tristesses qui sont bien souvent les grands méchants loups de nos vies. Ceux-là mêmes que l'on veut terrasser et abattre, ou clouer au mur.

Victorine, en me rappelant l'histoire du loup de Gubbio, me rappelle qu'il y a une autre attitude possible envers les ennemis intérieurs… qui ne sont pas des ennemis intérieurs, c'est pourquoi je les appelle les ennemis intérieurs. Les tendances malsaines que je crois déceler en moi, les plaies, celui ou celle, dans la rue, dont la tête ne me revient pas, la caissière de la Fnac qui ne me sourit pas : chaque événement de ma vie peut être considéré comme un frère ou une sœur. Même le plus fou d'entre nous partage avec moi cette condition difficile mais joyeuse qu'est la vie. La

1. Histoire inspirée de Julien Green, *Frère François*, Paris, Seuil, [1983] 1991, p. 274.

joie inconditionnelle ne s'obtient pas ailleurs. Pas dans un monde parfait, pas dans les cent mille univers évoqués par Rûmî mais dans le doute et les blessures. La joie inconditionnelle n'est pas une abstraction. La joie inconditionnelle c'est maintenant. Tout de suite.

La Peur

Souvent, ma fille énonce un diagnostic assez dramatique : « Papa, tu as peur de tout. » Ce qui m'empêche le plus de goûter à l'abandon et à la confiance en la vie ou en Dieu – peu importe –, c'est bien la peur, l'angoisse, l'anxiété, Dame Frayeur qui me visite et me revisite. Les hypothèses les plus farfelues accourent en mon esprit et l'agitent durablement. C'est presque comme un épais brouillard qu'il s'agit de traverser. Chaque matin, je dois prendre l'avion pour dépasser la couche infinie de ce brouillard, enfin pas si infinie que cela fort heureusement, pour atteindre à la paix. Ma fille joue dans l'herbe. Elle touche un bout de viande que, visiblement, un oiseau a laissé tomber, et voilà que mon esprit se met à gamberger et à imaginer le pire. Si le morceau de viande a été en contact avec la mâchoire d'un renard enragé, ma fille va s'éteindre et mourir dans d'atroces douleurs d'ici quelques semaines.

Je voudrais m'abandonner. Je voudrais tellement

avoir confiance dans la vie. Pourtant, cela bloque. On me conseille souvent de rester dans le présent, de faire un avec le monde. Je sais tout cela. Mais comment ? Voilà l'occasion de faire le point.

Ce qui m'aide, c'est la pratique d'une heure de méditation par jour. Pendant cette heure-là, je regarde passer les idées telles qu'elles se présentent en mon esprit sans refuser ni m'agripper à aucune d'elles. C'est un peu comme le train qui passe. Je laisse passer. Il y a des wagons qui sont hyperbruyants, je les laisse passer. Des wagons d'angoisse, que je laisse passer sans problème. Il y a des wagons chargés de renards enragés, des wagons de scléroses en plaques, de pleins wagons d'accidents de la route, de cancers, de leucémies, etc. Je les laisse passer et c'est un soulagement total. Une pensée vient, la pire bien souvent : la mort d'un enfant, la vision cauchemardesque d'un proche dans son lit de mort ou pire, éparpillé en mille morceaux sur un trottoir. Je laisse passer cette idée sans lui laisser le pouvoir de me démolir. Comme un film qui ne m'affecte pas, un dessin animé avec des monstres, des gentils. Mais force est de constater que, dès que le gong retentit et que je retourne dans la vraie vie, même s'il n'y a pas de rupture car la vie est une, le morceau de viande enragée continue à me faire peur. Ma fille va mourir dans d'atroces souffrances parce qu'elle est passée à deux mètres cinquante d'un morceau de viande dans un pré.

Un jour, Matthieu Ricard m'a rappelé ce que j'avais tant de fois lu. Dans sa bouche cela a pris un éclairage nouveau : l'exercice de la méditation consiste à voir la vacuité, à se laisser totalement détendre dans la vacuité. À considérer les pensées comme des oiseaux. Et derrière les oiseaux, il y a un ciel toujours immensément bleu. Le problème de l'angoisse, de la peur, c'est que je me fixe encore une fois sur les oiseaux. J'en oublie presque le principal. Le ciel. L'ennui, c'est qu'il y a des paquets d'oiseaux. Si je m'arrête une seconde et que je regarde en mon esprit, je vois un nuage d'oiseaux, des corbeaux, une horde d'oiseaux noirs, des rapaces qui voltigent dans mon esprit. Je disais à une amie : « C'est bien facile de voir passer un oiseau, mais quand il y en a cent mille à l'heure, comment fait-on pour aller dans la vacuité ? » Elle m'a répondu : « N'essaie pas de lutter contre les oiseaux, ne pars pas à la chasse aux volatiles. Essaie plutôt d'instant en instant de voir quand il y a un petit coin de ciel bleu dans la journée. »

Depuis, je ne me focalise plus sur les oiseaux, migrateurs d'ailleurs, car ils ne restent pas, ils passent à tire-d'aile. Je me concentre sur les petits coins de ciel bleu, la paix, la nature de Bouddha qui est déjà là. Je suis fort étonné d'apercevoir autant de ciel bleu dans ma vie. Voir le ciel bleu derrière la horde d'oiseaux et autres rapaces, ce n'est pas nier l'angoisse. C'est aller contre une habitude viscérale qui se focalise sur ce qui ne va pas, et qui restreint son champ de vision. L'esprit est vaste, dirait Suzuki[1]. On s'enferme, on se limite en devenant l'anxiété. Plus facile à dire qu'à appliquer. Pourtant, pas à pas, regarder passer un oiseau après l'autre peut nous amener à plonger dans cet esprit vaste avec gourmandise.

1. Je me réfère ici au livre de Shunryu Suzuki, *Esprit zen, esprit neuf*, Seuil, coll. « Points Sagesses », 1977, p. 45.

La Rencontre

Pourquoi s'engager sur une voie spirituelle ? Pourquoi pratiquer tous les jours zazen ? Pourquoi prier ? Pourquoi oser l'abandon, qui paraît si difficile à atteindre ? Il semble que nous prenions souvent un départ biaisé sur une voie spirituelle. Les aspirations qui nous guident sont complètement narcissiques. On pratique le zen pour avoir un superego, un ego indolore, pour être au-delà de la souffrance. Mais de l'autre, nous n'avons pas grand-chose à faire.

Remettons humblement l'église au milieu du village. Je crois, comme disait Aristote, que nous sommes des animaux politiques[1]. Nous vivons en société. Nous vivons grâce à l'autre, grâce aux rencontres. Sans les rencontres qui m'ont fait et défait, je ne serais plus de ce monde.

On a peur de la dépendance. Quand j'étais

---

1. Aristote, *Les Politiques*, Paris, Flammarion, coll. « GF », 1993, I, 2, 9.

petit, à l'institut, on m'apprenait à être autonome, à tout faire tout seul. Aujourd'hui, j'essaie de revisiter cela pour aller vers l'autre, nu et sans protections. Heureusement, je suis influencé par l'autre. Je ne peux pas faire comme s'il n'existait pas, à moins de vivre comme un ermite au fond d'une grotte. Et encore, je crois que l'écho de l'humanité rebondirait contre ses murs.

Souvent, lors des conférences, on me demande comment on rencontre une personne handicapée. J'aimerais saisir aujourd'hui la balle au bond, et m'interroger sur l'art de la rencontre. Comment oser l'abandon en rencontrant l'autre ?

Rencontrer l'autre, c'est se reposer un peu de soi. La plus grande souffrance est selon moi celle qui nous replie sur nous-mêmes, celle qui nous referme sur notre petit moi. Et ça finit par sentir le renfermé là-dedans ! Rencontrer l'autre, c'est se dépouiller un peu de soi, se dépouiller de tout ce que l'on projette sur l'autre. Spinoza a dépeint la tentation d'enfermer l'autre dans ses propres catégories mentales : « Si je vis cela, l'autre doit nécessairement vivre la même chose que moi. » Le drame, c'est aussi de considérer autrui comme un adversaire, un ennemi, comme le non-moi. Or, au contraire, rencontrer l'autre, c'est faire éclater cette distinction, moi et non-moi, mettre fin à leur face-à-face. Je suis de plus en plus convaincu que rencontrer l'autre, c'est se dénuder. Et depuis que j'ai rencontré frère Benoît qui m'a dit un jour : « Tu peux faire n'importe quoi, tu ne peux pas faire que je ne t'aime pas », j'essaie d'avoir le même regard que lui envers ceux que je rencontre.

Rencontrer l'autre, c'est mettre à bas nos préjugés. On ne se prépare pas à la rencontre, il n'y a pas de protocole.

Lorsque mon père était mourant et qu'il ne pouvait plus parler, j'ai été frappé de constater combien les gens éprouvaient un irrépressible désir de parler, de briser le silence et de le meubler. On parlait des fleurs, du temps qu'il faisait, et l'on était à cent lieues de mon père qui était en train de mourir, là, à côté de nous. La rencontre, c'est aussi oser faire des faux pas. Il n'y a pas de mode d'emploi pour aller vers l'autre, juste une certaine curiosité.

Rencontrer l'autre, c'est aller vers un autre monde. Sortir de soi, de ses repères, de ses carapaces et de ses armures. Sortir des rôles que nous jouons.

Lorsque je rencontre quelqu'un, je m'interroge : « Suis-je totalement à son écoute ? » Il y a peu, un ami m'a fait lire un article étonnant. Un psychologue américain dont j'ai oublié le nom expliquait que plus on s'intéresse à l'autre, plus on a de chances d'obtenir ce que l'on souhaite. Et j'ai testé pour vous ! Un jour que j'avais fait les courses au supermarché avec mes deux aînés, et que nous avions des marchandises à ne plus savoir qu'en faire, je suis arrivé vers la vendeuse

et je lui ai dit : « Comment ça va aujourd'hui ? »
Non seulement elle m'a répondu avec un grand
sourire elle aussi, mais elle a rangé nos achats
dans des sacs et m'a aidé à les porter. Il y a eu
un véritable échange entre nous. Depuis, je ne
la rencontre plus de la même façon.

Content de cette expérience, je me suis demandé
si c'était de la manipulation. Je crois que non.
Bien sûr, on peut utiliser cette « technique » pour
établir une relation d'affaires avec le premier
venu. Ne se concentrer que ce sur ce qu'il peut
m'apporter. Mais on peut aussi être tout simplement avec lui. Je trouve surtout dans cette
petite expérience une invitation à aller contre le
réflexe, mécanique, de se servir de l'autre. C'est
un juste retour aux choses. Un retour à la loi de
la réalité, au karma comme diraient les bouddhistes, au don comme pensent les chrétiens. On
récolte ce que l'on sème. Ne pas voir seulement
une vendeuse derrière la vendeuse. Et là, je me
souviens du *Soûtra du Diamant* : « La vendeuse
n'est pas la vendeuse, c'est pourquoi je l'appelle
la vendeuse. »

Sartre a très bien parlé de la mauvaise foi : on
se forge une personnalité, et toute sa vie on essaie
de coller à ce que l'on a décidé d'être. Tout se
passe comme si l'on se forgeait une image idéale
de soi et que du matin au soir on s'efforçait de
correspondre à cet idéal lointain. Inutile de dire
que tôt ou tard, on se casse la figure, et que cette

chute occasionne mille tiraillements intérieurs ainsi qu'une souffrance inouïe.

De nombreuses douleurs sont induites par cette comédie intime que l'on ne cesse de jouer. On joue un rôle pour obtenir de l'affection. On joue un rôle pour être aimé. D'où l'immense besoin de se sentir aimé inconditionnellement.

L'une des voies vers la liberté intérieure n'est pas à trouver dans l'affirmation de soi, comme on l'entend trop souvent, mais juste dans le fait d'être là. Juste être soi, ni plus ni moins, et être ouvert à l'autre.

Le Rire

Le rire peut devenir un instrument de liberté. Je déplore que la spiritualité et la philosophie se méfient de lui. C'est le cas du moins de certains auteurs, ne généralisons pas. Pour ma part, je m'en suis beaucoup méfié. Dans ma jeunesse, il se présentait sous deux modalités : la première, c'étaient les éclats de rire que mon corps déclenchait. Là où je passais, j'avais l'impression qu'il fallait me cacher pour ne pas susciter ce rire qui me niait et qui a bien failli, disons-le tout net, me massacrer. L'autre modalité du rire, c'était le rire de façade. Pour être accepté dans l'école officielle, j'ai joué bien souvent au pitre, pour dédramatiser, faire un brin d'humour pour casser la glace. De plus en plus, je sens que l'humour peut sortir du fond du fond, de la nature de Bouddha. Ce rire, je n'essaie pas de le nourrir parce qu'il n'y a rien de plus triste et de plus déplaisant que quelqu'un qui essaie d'être drôle. En général, c'est tragique. Mais j'essaie de rigoler, de rire de moi. De ne pas

prendre la vie au sérieux. Rire de soi. Jamais de
l'autre. Un ami dit souvent : « On peut rire de
tout mais ne se moquer de personne. » Le rire
n'est jamais contre l'autre. Il travaille pour la vie.
Il est aussi un signe que la vie gagne du terrain.
Lors de la disparition de mon père, et durant ses
dernières heures, j'ai constaté que, même fragile,
une confiance en la vie persistait, comme une
flamme sans cesse menacée. J'ai ressenti que dans
les moments les plus tragiques de l'existence, le
rire n'était jamais absent. Au contraire. Bien sûr,
ce n'est pas l'hilarité des fins de soirée où l'on est
à table ou, suivant l'heure, sous la table. C'est un
rire, un sourire plutôt, une adhésion au réel. Il me
semble que quand on rit, quand on laisse éclater
sa joie, le moi part à la course et la vie apparaît
sans barrières. Il y a un très beau texte qui me
nourrit année après année.

Dans *Une vie bouleversée*, Etty Hillesum écrit :
« On ne doit jamais se laisser paralyser par un
seul problème, si grave soit-il. Le grand flux de
la vie ne doit jamais s'interrompre[1]. » C'est le
principe fameux du sixième patriarche, Houei-
neng : ne s'arrêter sur rien. « La joie passe en moi,
la tristesse aussi. Elles vont et viennent. Elles ne
s'installent pas[2]. »

---

1. Etty Hillesum, *Une vie bouleversée, op. cit.*, p. 88.
2. Je me réfère ici à Fa-hai, *Le Soûtra de l'Estrade du Sixième
Patriarche Houei-neng, op. cit.*, chap. 17.

Demandons-nous donc ce qui est au centre de notre vie. Est-ce nos problèmes, nos complexes, nos jeux sociaux ? Est-ce l'autre ? Quel est le centre de ma vie ? Qu'est-ce qui donne la direction de mon existence ? » Assurément, le rire empêche de se fixer. Commençons d'abord par rire de nous-mêmes, car il y a de quoi faire. L'ennui n'a pas ou peu sa place. Dès que l'on commence à rire de soi, tout devient exercice. Je peux même rire de mon obstination. Loin de la moquerie, le rire peut devenir un instrument de vie qui déracine toute fixation narcissique et nous aide à avancer. J'ai vécu une enfance très éloignée des habitudes de la société et j'ai raté mon adolescence. Même s'il n'y a rien à réussir, il m'a manqué cette légè-reté. Il m'est parfois arrivé de la chercher dans l'ivresse, d'y chercher une sorte de désinhibition, mais je ne les ai jamais trouvées au fond d'un verre. Si les drogues et les plaisirs malsains qui nous aliènent ont une certaine emprise sur nous, c'est parce qu'ils nous désinhibent.

Commençons par une pratique simple : ne pas se prendre au sérieux. Parfois, quand je ne vais pas très bien, je me propose comme exercice spirituel de faire rire la personne que je croise ou le démarcheur qui me téléphone pour me sonder sur des journaux que je ne lis jamais. Mon défi, léger et joyeux, consiste à les faire rire. Voilà une « pratique bien pratique » pour se décentrer de soi ! Il ne s'agit pas de faire le gros lourdaud mais d'essayer de se jeter dans l'eau du rire sans forcer le trait ni se moquer des autres. Parfois, avec un ami, nous jouons à dérider les employés un peu trop sérieux d'un guichet de poste ou d'une administration. Là encore, le rire n'est pas au détriment de l'autre. Le rire n'est pas une moquerie. Il n'est même pas, comme on le dit souvent, une mise à distance du réel. Rire, ce n'est pas fuir la réalité. C'est plonger corps et âme en pleine existence.

La Simplicité

Quelle muse a inspiré mon fils Augustin, lorsqu'un matin il s'est écrié : « Papa, dans la vie, il faut rester simple » ? Voilà précisément le thème central qui oriente ma quête ! Le mental s'évertue à créer des problèmes là où il n'y en a pas. Chaque soir, avant de m'endormir, je pratique un tout petit examen de conscience. En général, le sommeil m'arrache à cet exercice qui m'aide à recevoir les joies de la journée et à voir ce que je peux corriger dès le lendemain. Non pour me corriger mais pour comprendre qu'une vie simple passe par de petites habitudes qui visent à simplifier l'existence plutôt qu'à la remplir. Nietzsche a écrit cette phrase qui me guide : « Un genre de vie simple est chose difficile. Il faut beaucoup plus de réflexion et d'inventivité que n'en ont les gens même très intelligents[1]. » Il est compliqué d'être

---

1. Nietzsche, *Le Voyageur et son ombre*, Paris, publie.net, aphorisme 196.

simple. Il est compliqué de rester nu face à la vie.
Tout se passe comme si notre mental travaillait
du matin au soir à la compliquer, à comparer, à
attendre des circonstances qui n'arriveront jamais,
à regretter un passé qui est passé pour toujours.
Mener une vie simple, c'est s'abandonner à tout.
Il ne s'agit même pas de vouloir faire disparaître
ses regrets. Si les regrets sont là, pas de problème,
ils ont leur place.

Commencer une vie simple, c'est se demander ce qu'il y a de central dans mon existence :
les problèmes, les crispations, les tensions ? Et
vivre, simplement. Un jour, j'ai rencontré un
moine ermite que j'ai interrogé pendant plus de
deux heures. À la fin de notre conversation, il m'a
dit : « Vous tournez toujours autour du pot. Vous
cherchez la simplicité, l'abandon, la joie. Vous êtes
déjà tout cela. Laissez vos questions. Laissez tout
de côté et soyez heureux. » Ce « soyez heureux »
m'a ému aux larmes. C'est vrai, je compliquais la
vie. Je venais chercher des recettes : « Aidez-moi
mon père à changer ma vie. Débarrassez-moi de
toutes ces blessures. » Le père m'a invité à repartir
sans vouloir changer quoi que ce soit.

La simplicité, c'est bien davantage que l'acceptation de soi. C'est être avec soi, avec une infinie bienveillance. Augustin, aujourd'hui, tu me
ramènes à l'essentiel et tu me montres ce que
j'entrevois en méditant : il n'y a pas de problème
en dehors de l'esprit qui complique tout. Le handi-

cap n'est pas un problème. Il le devient dès que je commence à réfléchir, à comparer, à regretter, à vouloir. Puissé-je t'écouter mon fils et revenir à la simplicité. Juste être là.

Le Zen

Au terme de notre exploration, il me plaît de rassembler les idées maîtresses qui caractérisent… sans la caractériser, ma pratique du zen. Si je suis arrivé au zen, c'est, comme le dirait saint François d'Assise, à cause, ou plutôt grâce à frère Âne. La réalité du corps ne m'est pas facile à vivre, et j'ai tendance à fuir frère Âne en allant galoper dans les idées. Un jour, j'ai suivi une brève initiation au zazen, à la méditation assise (pour moi, couchée) et je me suis aperçu, oh ! merveille, que le calme que je recherchais par la philosophie, par les concepts, était déjà inscrit au fond de mon cœur. Le corps, frère Âne, était peut-être un des moyens d'y accéder. Juste rester là, assis ou couché, sans vouloir fabriquer quoi que ce soit, sans vouloir être un personnage, sans vouloir « faire le beau ». Je dois donc à frère Âne, plus qu'au raisonnement et à la logique, d'avoir rencontré, croisé la paix – qui n'est pas la paix, c'est pourquoi je l'appelle la paix.

Il faut écarter de nombreux malentendus lorsque l'on aborde le zen. Sur certaines autoroutes françaises, j'ai lu l'injonction : *Restez zen*. Pour moi, le zen, c'est se contenter d'être. Il ne s'agit pas d'essayer d'être quoi que ce soit. Alors essayer d'être zen, c'est déjà un très mauvais départ.

Comment résumer le zen ? Pour moi, trois grands principes nourrissent ma pratique au quotidien. Ou, plus que des principes, des directions, des soutiens. Le premier est issu de Houei-neng, le sixième patriarche du bouddhisme tchan, qui a dicté (parce que l'on dit qu'il était illettré) le *Soûtra de l'estrade* où il expose sa méthode. Une phrase de ce texte me paraît particulièrement intéressante. « Dès que l'on s'arrête sur une pensée, le flux de pensées s'arrête aussi immédiatement et cela se nomme attachement[1] », dit-il. Autrement dit, au début, quand je voulais méditer, je pensais qu'il fallait vider l'esprit et lutter contre les pensées. Houei-neng m'a montré que si dans ma tête l'esprit passe du coq à l'âne, s'il pense à demain, à après-demain, s'il passe de la joie à la tristesse en une minute, si je vis des montagnes russes intérieures, ce n'est pas grave. C'est même un outil. En dix minutes, il se passe toute sorte de choses dans ma tête. Ce n'est pas un problème. Le problème, c'est quand je m'attarde sur l'une

---

1. Fa-hai, *Le Soûtra de l'Estrade du Sixième Patriarche Houei-neng, op. cit.*, p. 37.

d'elles. Quand je m'y fixe. Quand je ne laisse pas passer la colère, quand je laisse s'attarder en moi la tristesse sans la vivre à fond pour qu'elle fasse son chemin.

L'image qui me vient à l'esprit est celle du torrent. Un torrent coule naturellement du haut de la montagne vers la plaine. Pour l'esprit, c'est pareil. Les idées coulent, s'écoulent, et il faut les laisser faire. Dès lors qu'au contraire on se fige dans la colère, la haine, il y a souffrance. Autrement dit, quelles que soient les idées qui me passent par la tête, aussi farfelues soient-elles, il n'y a aucun problème. Si j'ai envie d'étrangler ma belle-mère avec son soutien-gorge, je laisse passer. Cette idée ne s'attarde pas en moi. Je la laisse quitter mon esprit avec bienveillance, sans la condamner. Car cela aussi serait la retenir, la fixer. Le bouddhisme tibétain suggère de regarder nos pensées comme s'il s'agissait de nos enfants que nous contemplons, que nous surveillons paisiblement. Un jour, à la piscine, je me suis surpris à vivre cette expérience. J'étais au bord de l'eau et je regardais Augustin et Victorine patauger. Désintéressé de moi, je regardais paisiblement mes enfants, leurs moindres gestes, et j'étais dans la paix. Cette attitude envers mes enfants, je peux la nourrir dans la méditation à l'endroit de mes sentiments, de cette foule qui gueule, qui hurle et que je peux regarder avec douceur et bienveillance.

Le deuxième principe asséné dans ce livre m'a

sauvé la vie. C'est le refrain du *Soûtra du Diamant*.
Houei-neng lui-même a connu l'éveil en écoutant
ce fameux Soûtra, le *Vajracchedikâ-prajñâpâramitâ
Sûtra*. Et ce refrain dit : « Le Bouddha n'est pas le
Bouddha, c'est pourquoi je l'appelle le Bouddha. »
Tout ce que l'on croit savoir sur la réalité, ce ne
sont que des étiquettes qui la figent. Il s'agit de
laisser aller la vie, de danser avec elle sans vouloir
l'immobiliser. Alexandre n'est pas Alexandre, c'est
pourquoi je l'appelle Alexandre. L'Alexandre qui
a commencé ce livre n'est plus le même que celui
qui le termine.

Pour mon grand malheur, je m'identifie à ce que
je suis, à ce que je fais. Le *Soûtra du Diamant* et
son refrain m'invitent à faire exploser mes préjugés
et ma vision du monde. Je ne rencontre jamais
deux fois ma femme parce qu'elle change instant
après instant. Je voudrais la figer comme dans un
album photos, la réduire à tout ce qu'elle a été,
alors que le *Soûtra du Diamant* m'invite à la voir
avec des yeux neufs. Moi-même, à chaque respi-
ration, à chaque expiration, je meurs et je renais.
Il s'agit de tout donner à la vie pour tout recevoir.
Plus on s'accapare la vie, moins on reçoit d'elle.

Le troisième principe, qui n'est pas un principe,
c'est pourquoi je l'appelle principe, est celui de
Yunmen : « Quand tu marches, marche, quand tu
es assis, sois assis. Surtout, n'hésite pas. » L'autre
jour, aux toilettes, je me suis surpris – grande
prouesse ! – en train de me brosser les dents tout

en répondant au téléphone. Selon le principe de Yunmen, il y avait au moins deux choses en trop. Je suis sans arrêt hors de la vie, à commenter le présent et à anticiper l'avenir. Jamais je ne savoure l'action simple, jamais je ne goûte à l'abandon, au « oui » simple et joyeux. Le refrain du *Soûtra du Diamant* est donc pour moi un outil privilégié qui m'aide à vivre et me sauve quotidiennement. Le diamant tranche. Il vient couper, démolir toutes les représentations que je me fais du monde et de moi-même et dans lesquelles je m'enferme. Suivre le *Soûtra du Diamant*, c'est pratiquer la non-fixation. Pratiquer le *Soûtra du Diamant*, c'est oser la non-fixation dans la souffrance quand celle-ci me visite. Ne m'installer ni en elle ni dans la joie, d'ailleurs. Ne m'installer nulle part, car dès que l'on plante sa tente, on souffre. On a peur de perdre ce que l'on a, ce que l'on pense, et l'on fuit le mouvement de la vie.

Le maître zen Harada donnait une merveilleuse consigne pour commencer la méditation : « Asseyez-vous donc et ne pensez pas à mieux vous asseoir. Vous voudriez vous asseoir mieux. Si vous n'aimez pas la façon dont vous êtes assis, acceptez-le et vivez-le ainsi[1]. » Voilà pour moi la quintessence du « oui » à la vie, de l'être-là, sans

---

1. Sekkei Harada, *L'Essence du Zen. Entretiens sur le Dharma à l'attention des Occidentaux*, Noisy-sur-École, Éditions de l'Éveil, 2003, p. 32.

la juger. On est perpétuellement en train de juger la vie, et le moi semble programmé pour refuser le réel. Il y a toujours pour lui quelque chose qui cloche, qui n'est pas à sa hauteur.

En somme, les trois principes que je viens de résumer nous invitent à retourner au ras des pâquerettes, tout près de la vie, dans l'existence.

Bibliographie succincte

Aristote, *Éthique à Nicomaque*, Paris, Flammarion, 2004.

Arnaud Desjardins et Véronique Desjardins, *Les Formules de Swâmi Prajnânpad*, Paris, La Table ronde, 2003.

Épictète, *Manuel*, Paris, Mille et une nuits, 1995.

Fa-hai, *Le Soûtra de l'Estrade du Sixième Patriarche Houei-neng*, Paris, Seuil, coll. « Points Sagesses », 1995.

Julien Green, *Frère François*, Paris, Seuil, [1983] 1991 ; coll. « Points Sagesses », 2007.

Etty Hillesum, *Une vie bouleversée*, Paris, Seuil, 1985.

Jean XXIII, *Journal de l'âme. Écrits spirituels*, Bourges, Cerf, 1964.

Montaigne, *Les Essais*, Gallimard, coll. « Quarto », traduit en français moderne par A. Lanly, 2009.

Nietzsche, *Le Gai Savoir*, Paris, Flammarion, 1997.

Pascal, *Pensées*, Paris, Librairie générale française, 1972.

Rûmî, *Le Livre du dedans*, Paris, Sindbad, 1976.

Sénèque, *Lettres à Lucilius*, Paris, Flammarion, 1992.

Angelus Silesius, *Le Voyageur chérubinique*, Paris, Payot et Rivages, 2004.

Soûtra du Diamant, Paris, Fayard, 2001.

Spinoza, *Éthique*, Paris-Tel-Aviv, Éditions de l'éclat, 2005.

Spinoza, *Traité politique – Lettres*, Lettre à Blyenbergh, XXI, Paris, Flammarion, coll. « GF », 1993.

Shunryu Suzuki, *Esprit zen, esprit neuf*, Seuil, coll. « Points Sagesses », 1977.

Sekkei Harada, *L'Essence du Zen. Entretiens sur le Dharma à l'attention des Occidentaux*, Noisy-sur-École, Éditions de l'Éveil, 2003.

Remerciements

Ce petit livre a vu le jour grâce à la bienveillance de beaucoup qui ont soulagé l'auteur à maints égards. Qu'ils soient ici tous remerciés :

Corine Jollien, Romina Crapetto, Elsa Rosenberger, Frédéric Théry, Joachim Chappuis, Vincent Châtelain, Christophe Matthey, Didier Matthey-Doret, Jean-Philippe Barras, Emmanuel Tagnard, Nadine, Marine, Roland et Thierry Mauvernay, David Kursner, Thierry Suchet et Jérôme Malaize.

Table des matières